**엄마의
영어공부**

영어 왕초보 엄마도 영어 잘하는 아이로 키우는
1-10-10 영어 최소한의 법칙

엄마의 영어공부

· 김희아 지음 ·

프롤로그

몇십 년째 저질 영어였던 내가
영어 공부를 시작한 이유

15년 전 인터넷으로 본 기사 한 줄을 나는 아직도 잊지 못한다. 영어 동화책으로 영어를 쉽고 재미있게 가르칠 수 있다는 내용이었다. 지금은 흔히 생각하는 방법이지만, 당시만 해도 아주 획기적이었다. 오죽하면 기삿거리가 됐겠는가. 첫아이가 갓 태어난 때라 나로선 더 관심이 갔다.

'동화책으로 영어가 된다고? 그것도 쉽고 재미있게? 영어는 몰라도 책 읽기라면 자신 있는데…, 동화책 정도면 나도 할 수 있지 않을까?'

기사에 시선이 꽂힌 채 내 머릿속은 '할 수 있을까'와 '할 수 있다'를 오가며 바쁘게 움직였다.

아마 우리나라 사람 중에 영어 욕심이 없는 사람은 드물 것이다. 나도 당연히 그랬다. 결혼 전에는 영어학원 새벽반 수업을 듣고 출근하기가 예사였으며, 새해가 될 때마다 영어 공부가 결심 리스트 맨 위에 올랐다. 그간 들인 학원비며 영어 원서값도 만만치 않다.

하지만 그렇게 많은 돈과 시간과 노력을 투자했음에도 영어 실력은 늘지 않았다. 기를 쓰고 단어를 외워도 뒤돌아서면 가물거렸고, 회화 문장을 통째로 외워도 길에서 외국인을 만나면 눈길부터 피했다. 그러다 보니 나에게 영어란 잘하고는 싶지만 쉽지도 않고 재미있지도 않은, 하나의 숙제가 되어갔다. 그랬던 내가 지금은 '엄마표 영어'의 전도사가 되어 어떻게 하면 영어를 잘 가르칠 수 있을지를 이야기하고 있다니 스스로도 깜짝 놀랄 일이다.

아이를 가지면서 과감히 회사를 그만뒀다. 절대 후회하지 않을 자신이 있었다. 아이의 유년 시절은 두 번 다시 돌아오지 않을 귀한 시간이라고 생각했다. 때마침 직장생활에 약간의 슬럼프를 느끼던 때이기도 해서 이때다 하고 시원하게 사표를 썼다. 아침이 이렇게 상큼한 것이라니! 출근 전쟁에서 해방된 나는 차 한 잔을 앞에 두고 여유를 만끽했다. 그런데 며칠이 지나자 슬슬 걱정이 되기 시작했다. 아이가 태어나면 먹이고, 입히고, 가르치는 데 돈이 많이 들 텐데 하는 생각 때문이었다. 그러다 문득 회사를 그만두면서 했던 다짐이 떠올랐다. 한 번밖에 없는 아이의 유년 시절을 둘도 없이 행복하게 해주고 싶다던 그 다짐. 나는 아이와 함께하면서 내가 할 수 있는 일은 최대한 하기로 했다. 특히 교육 문제에서 어느 기간까지는 학원에 의존하지 않고 내가 직접 해야겠다고 마음먹었다. 학원비도 아끼고 아이와도 늘 함께 있을 수 있고, 그야말로 최고의 해법 아닌가.

이윽고 아이가 태어났고, 산후조리원에서 집으로 돌아온 지 얼마 안 돼 그 기사를 읽었다. 나는 아직 눈도 제대로 못 맞추는 딸을 안고 말했다.

"태희야, 네 영어는 이 엄마가 만들어줄게!"

이날을 시작으로 영어 교육과 관련 있는 것이라면 무엇이든 찾아 읽었다. 공부법은 물론이고 성공 사례와 교육 자료 등 책과 인터넷을 넘나들며 나만의 방식을 찾기 시작했다. 그 많은 자료들이 말하는 영어 공부의 핵심은 한 가지였다. 넘치게 듣고 넘치게 읽어야 한다는 것. 넘치는 인풋이 있어야 아웃풋으로 끌어낼 수 있고, 귀가 뚫려야 입이 열린다는 결론이었다. 나는 영어 동화책을 인풋 자료로 하여 어떻게 교육할지 맥을 잡아나갔다.

가장 먼저, 아이가 잠든 시간에 인터넷으로 영어 동화책을 살펴보고 그중 몇 권을 주문했다. 설레는 마음으로 택배 상자에서 책을 꺼냈다. 거기까지는 좋았다. 그런데 아이에게 읽어주려고 책을 펼친 순간, 너무나 당황스러웠다. 의성어, 의태어 행렬에 알 수 없는 단어까지 있는 게 아닌가. 아이들 책이라고 쉽게 본 게 잘못이었다. 몇십 년이나 영어 공부를 해왔건만 어린이 그림책에 나오는 단어도 모른다니, 절로 한숨이 나왔다. 그도 그럴 것이 내가 공부했던 교재들과는 사용하는 단어가 전혀 달랐기 때문이다. 어쩔 수 없이 아이한테 읽어주기 전에 먼저 훑어보고 모르는 단어를 찾아보았다. 막상 소리 내 읽어주려니 발음에 자신이 없어서 원어민 발음을 듣고 큰 소리로 따라 읽기도 했다. 그것이 처음 땐 걸음이었다. 첫아이의 첫 영어이자, 엄마표 영어의 시작이었다.

아이들이 그림책으로 새로운 세상을 만나듯, 나 또한 새로운 세상과 새로운 언어를 만나는 것처럼 재미있고 흥미로웠다. 그런데 마음과 달리 때로 일상에 지칠 때는 게으름도 부리게 됐다. 아이에게 영어책을 읽어준다는 것은 크게 어려울 것 없는 일인데도, 날마다 반복하기가 생각보다 힘들었다. 점차 열의를 잃어갔고 내일로 미루는 날이 많아졌다. 어쩌면 이것이 수많은 사람이 엄마표 영어를 시작했다가 얼마 못 가 포기하는 이유일 것이다. 그래서 나는 목표를 바꾸었다. 엄마가 먼저 지치지 않는 것, 조금씩이라도 꾸준히 해나가는 것으로. 여러 시도 끝에 '영어 최소한의 법칙'을 생각해냈다. 하루 영어책 1권 읽기, 10분 듣기, 10분 말하기를 목표로 한다는 의미다. 많이 하지 말자. 최소한으로 오래, 길게 가자. 이렇게 스스로 다독이며 에너지를 끌어올렸다.

책을 읽어줄 때 아이가 까르르 웃거나 반짝반짝 빛나는 눈으로 나를 바라볼 때는 가슴이 뿌듯했다. 기기 시작하면서부터 아이는 어느새 책장으로 기어가 자기가 좋아하는 그림책을 꺼내 펼쳐놓고 들여다보곤 했다. 아이에게 책은 입으로 물고 빠는 장난감이 됐다. 자라면서는 영어 노랫말에 어깨까지 들썩이며 신나게 소리를 지르기도 하고, 저녁 늦게까지 책을 읽어달라며 조르기도 했다.

나는 이렇게 영어에 대한 두려움을 기쁨으로 바꾸었다. 아이와 함께하는 이 길은 마치 장거리 여행길 같다. 생각지도 못한 멋진 풍경에 감탄할 때도 있지만, 가끔은 길을 잘못 들어 막다른 골목에서 당황하기도 한다. 하지만 내가 세운 영어 최소한의 법칙으로 오늘까지 흔들림 없이 기쁘게 걸어왔다. 15년이 지난 지금 열다섯 살이 된 딸은 배낭 하나 메고 세상을 탐험하는 자신감 넘치는 아이로 성장했다. 초등학교 5학년인 아들은 하루에도 몇 시간씩 노래와 춤을 연습하며 끼를 발산하는 자유로운 영혼으로 성장하고 있다. 아이들만이 아니라 나 또한 성장했다. 그간 사 모은 수천 권의 영어 원서를 자산으로 카멜레온 영어 도서관을 차렸고, 이곳에서 영어를 가르치고 있다. 아이와 함께 시작한 재미있는 영어놀이가 내 인생의 새로운 이력을 만들어준 것이다.

  그 모든 것은 최소한이라도 매일 할 일을 꼬박꼬박 할 때 결과물이 만들어진다는 확신에서 비롯되었다. 그리고 그 시간이 밑거름이 되어 아이들이 예쁘고 바르게 잘 자라줄 것이란 믿음이 있었기에 가능했다. 많은 엄마에게 나의 경험이 도움이 되기를 바라는 마음에서 이 책을 썼다. 엄마표 영어를 하기로 마음먹었다면, 열정 위에 자신만의 기준을 보태야 한다. 아이들은 무척 민감한 존재여서 엄마가 흔들리지 않아야 의심 없이 그 길을 계속 간다. 가장 중요한 것은 할 수 있다는 자신감이다. '저질 영어'였음을 순순히 인정하는 나도 해냈으니 당신은 더 잘할 수 있다.

차례

프롤로그: 몇십 년째 저질 영어였던 내가 영어 공부를 시작한 이유 • 4

1부 미래를 만들어낸 엄마의 영어 공부

1장 엄마표 영어에 뛰어들다
- 엄마가 줄 수 있는 최고의 선물 • 19
- 유치원 대신 도서관을 선택하다 • 23
- 내 꿈의 발견소, 카멜레온 영어 도서관 • 28

2장 영어 독서로 시작하자
- 책을 좋아할 수밖에 없는 환경부터 만들자 • 35
- 독서는 지식을 통합하여 응용하게 해준다 • 41
- 새로운 세상을 이해하게 해주는 영어 독서 • 45
- 영어 다독으로 만들어내는 커다란 차이 • 49

3장 아이가 영어를 좋아하게 만드는 법
- 먼저 한글책부터 충분히 읽혀라 • 57
- 제목만 보고도 알게끔 반복해서 읽혀라 • 62
- 아이를 위한 인센티브, 북 트리와 독서 노트 • 67
- 3년 만에 기적을 만나다 • 71

2부 연령별로 시작하는 영어 최소한의 법칙

1장 마법을 일으키는 숫자, 1-10-10

엄마표 영어를 시작하기 전에	• 79
영어 최소한의 법칙: 하루에 책 1권 읽어주기	• 84
영어 최소한의 법칙: 하루 10분 영어 소리 들려주기	• 87
영어 최소한의 법칙: 하루 10분 영어로 대화하기	• 91
엄마의 자신감이 중요하다	• 97

2장 0~3세: 영어와 친해지기 가장 좋은 시기

영어도 첫 만남이 중요하다	• 103
0~3세의 1권 읽기	• 109
0~3세의 10분 듣기	• 119
0~3세의 10분 말하기	• 123
0~3세 영어 공부, 이것만은 조심하자	• 133

3장 3~6세: 많은 것에 관심과 호기심을 보이는 시기

엄마의 피드백이 가능성을 키워준다	• 139
3~6세의 1권 읽기	• 143
3~6세의 10분 듣기	• 152
3~6세의 10분 말하기	• 156
3~6세 영어 공부, 이것만은 조심하자	• 165

4장 7~10세: 어떻게 시작하느냐가 중요한 시기

- 마음이 급할수록 기본에 충실해야 한다 · 173
- 7~10세의 1권 읽기 · 177
- 7~10세의 10분 듣기 · 185
- 7~10세의 10분 말하기 · 191
- 7~10세 영어 공부, 이것만은 조심하자 · 196

3부 엄마와 함께하는 영어 학습 로드맵

1장 영어책 선택하는 법

- 아이의 수준에 맞춰라 · 205
- 아이들이 좋아하는 주제와 작가 리스트 · 209

2장 듣기, 쓰기, 말하기를 모두 잡는 단계별 로드맵

- 내 아이를 위한 영어 학습 로드맵 · 225
  1단계: 흘려듣기 | 2단계: 집중듣기 | 3단계: 영어책 읽기 | 4단계: 영어사전 활용하기 | 5단계: 영작 훈련 | 6단계: 말하기

수준별 맞춤 영어 공부법

    Level 1~3: 쉬운 교재로 재미를 알게 하자 • 245
    Level 4~5: 깊고 넓게, 자신감을 키워주자 • 253

 엄마들이 자주 하는 질문에 대한 답변 • 261

영어, 몇 살부터 시작하면 좋을까요? | 발음이 안 좋은데 영어책을 읽어 주어도 될까요? | 집중은 안 하고 딴짓만 해요 | 자꾸 옆집 아이와 비교가 돼요 | 영어를 한글로 해석해줘야 하나요? | 어떻게 하면 영어를 공부가 아닌 놀이로 접근할 수 있을까요? | 아이가 영어를 싫어해요. | 영어 공부를 꾸준히 계속할 수 있는 좋은 방법이 있을까요? | 영어, 늦게 배워도 괜찮나요? | 책 읽을 시간이 없어요 | 아이가 자꾸 같은 책만 읽으려고 해요 | 카멜레온 영어 도서관에서는 어떤 식으로 수업을 하나요?

에필로그: 엄마의 꿈을 꾸자 • 280

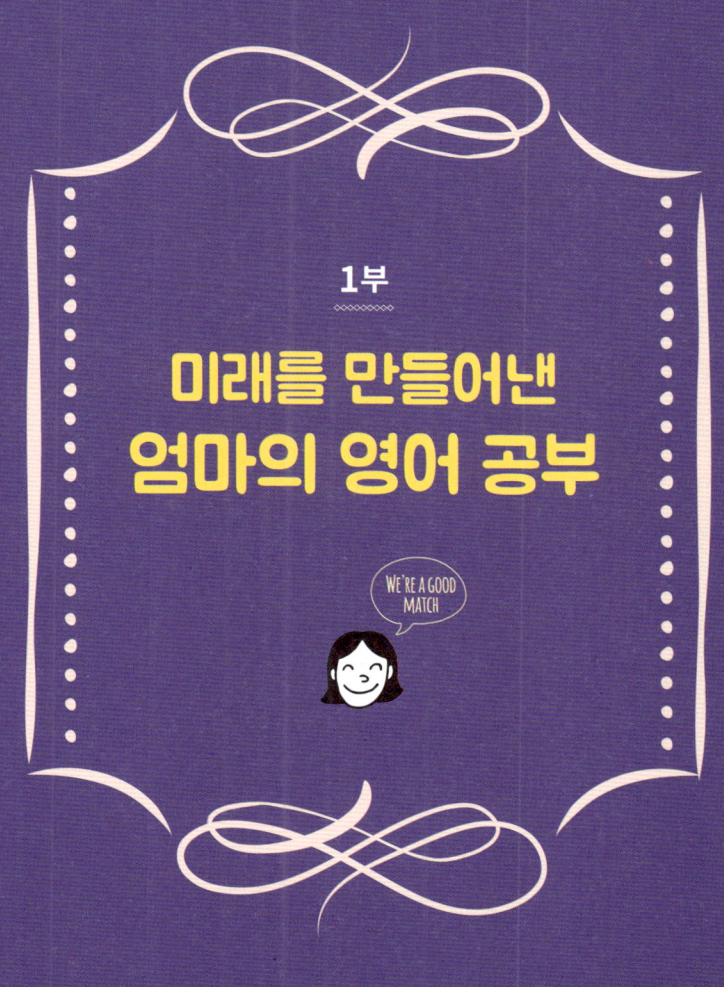

1부

미래를 만들어낸
엄마의 영어 공부

1장

엄마표 영어에 뛰어들다

엄마가 줄 수 있는 최고의 선물

아이에게 엄마만이 줄 수 있는 특별한 선물이 있을까? 있다면 무엇일까?

잠든 아이의 얼굴을 바라보고, 아이의 꼬물거리는 손가락과 발가락을 만지면서 그런 생각을 했다. 엄마만이 줄 수 있는 특별한 선물이란 돈으로 살 수 있거나 쉽게 얻을 수 있는 무언가는 아닌 것 같았다. 아이가 커나가는 과정에서 내내 친구가 될 수 있는 것, 타고난 가능성을 키워줄 수 있는 것, 부모로부터 독립했을 때도 두고두고 힘이 되는 것.

나는 그것이 책 읽는 습관과 영어 실력이라고 생각했다.

먼저 책 읽는 습관에 대해 생각해보자. 습관은 절대 짧은 시간에 만들어지지 않는다. 어른들 말처럼 나쁜 것은 쉽게 배우지만 좋은 것일수록 배우기가 더디고 몇 배 더 힘이 든다. '습관은 제2의 천성이다.(Habit is a second nature.)'라는 속담을 들어본 적이 있을 것이다. 어릴 적에 책 읽는 습관을 들여놓으면 평생 책과 벗하며 지낼 수 있다. 또 하나의 천성으로 자리 잡기 때문이다.

세상이 복잡하고 다양해질수록 책 읽는 습관은 더욱 중요해진다. 독서는 당장 공부를 잘하기 위한 수단은 아니지만 미래를 좌우하는 키워드다. 장기적으로 통찰력과 창의력을 길러주기 때문이다. 물론 기계적으로 책만 많이 읽는다고 이런 능력이 생기는 것은 아니다. 책을 읽고 나면 무엇을 읽었는지 꼭 정리하고 되새기는 시간을 가져야 한다. 자신의 언어로 이해한 것은 다음에 들어오는 새로운 지식을 활용하는 데 배경지식이 된다.

독서 습관을 들이는 것은 억지로 시킨다고 되는 것이 아니다. 아이 스스로 할 수 있도록 꾸준히 흥미를 유발해주어야 한다. 아이들은 스스로 선택한 책이 오기를 기다리면서 설레고, 도착하면 재미있게 읽어나가면서 뿌듯함을 느낀다. 이런 경험이 쌓이면 독서 습관이 저절로 생겨난다.

또 한 가지가 영어 실력이다. 지금의 아이들이 살아갈 미래에는 영어가 기본적인 경쟁력이 되리라는 사실에 누구도 이견이 없을 것이다. 단어를 얼마나 많이 외우고 문법에 얼마나 해박한지가 중요한 게 아니다. 자연스럽게 몸에 밴, 문화처럼 스며든 영어여야 한다. 나는 아이를 영어 천재로 만들기보다는 영어 앞에 주눅 들지 않고 당당한 아이로 키우고 싶었다. 세계를 무대로 언어의 제약 없이 꿈을 마음껏 펼칠 수 있는 사람으로 자랐으면 했다. 영어 실력은 단

기간에 만들 수 있는 것도 아닐뿐더러 영어 과목 점수가 높다고 영어 앞에 당당해지는 것도 아니다. 오랜 시간 접하면서 거리감과 이질감을 없애가야 한다.

그래서 나는 이 두 가지를 위해 영어 독서를 선택했다. 한글과 마찬가지로 영어도 책을 많이 읽으면 문맥을 잘 이해할 수 있게 되며, 배경지식이 쌓여간다. 영어를 일상적으로 사용하지 않는 환경에서 영어를 배우는 아이들에게 영어책 읽기보다 효과적인 방법은 없다. 정말 영어를 잘하는 아이로 키우고 싶다면 먼저 영어 독서 습관을 기르도록 이끌어주어야 한다. 이것이 영어 잘하는 아이로 만드는 최고의 지름길이다.

아이들에게 가장 가치 있고 소중한 습관을 만들어주자는 생각을 하면서도 가끔은 일상에 떠밀려 책 읽기를 잊어버리는 날도 있었다. 그럴 때마다 생각했다.

'최소한의 노력만 하자. 내가 부담을 느끼지 않아야 아이들도 편안하게 받아들인다'.

그렇게 다시 마음을 다잡으며 책을 들고 아이와 이야기를 나누었다. 그렇게 할 수 있었던 이유는 무리한 계획을 세우지 않고 충분히 감당할 수 있는 가벼운 방법들을 실천했기 때문이다.

시간은 한번 지나가면 그것으로 끝이다. 그 순간이 지나가면, 나중에 아무리 후회해도 되돌릴 수 없다. 우물쭈물하다가는 아이의 독서 습관을 형성할 수 있는 적기를 놓칠 수도 있다. 사랑하는 내 아이에게 하루 1권의 동화책이라도 꾸준히, 크게 소리 내어 읽어주자. 지금 이 순간부터 내 아이를 위해 가장 쉬운 방법부터 실천해보기 바란다. 영어와 독서 습관, 이 두 가지는 엄마가 줄 수 있는 최고의 선물이다.

유치원 대신 도서관을 선택하다

두 아이가 책 읽기에 관심을 보이고 재미있게 읽기 시작하면서 유치원 대신 어린이 도서관에 다녔다. 3년 동안 매일 다녔으니 쉬운 일은 아니었지만, 엄마인 나를 더 힘들게 한 건 다른 데 있었다. 사실 많이 망설인 끝에 내린 결정이었다.

'대부분의 아이가 유치원으로 향하는 시간에 도서관에 간다는 것이 잘하는 일일까? 아이들끼리 어울리면서 사회성을 키워야 할 텐데 자기만 아는 아이가 되진 않을까? 유치원의 다양한 프로그램을 접하지 못해 교육에서 뒤처지지는 않을까?'

이런 걱정들이 꼬리를 물고 이어졌다. 왜 안 그렇겠는가. 초보 엄마인 데다가 참고할 만한 전례도 별로 없으니 말이다. 그런 나에게 다른 엄마들이 한마디씩 하곤 했다. 힘들게 왜 그러느냐고 걱정해주는 사람도 있고, 엄마 욕심이 지나치다고 핀잔 섞인 말을 하는 사람도 있었다. 그래서 처음에는 마음고생을 상당히 했다.

주위의 시선에 흔들려 내가 잘하고 있는지 확신이 서지 않을 때면 임신 사실을 처음 알았을 때를 떠올렸다. 그것은 말로는 설명할 수 없는 경이로움이자 기쁨이었고, 동시에 무한한 책임감을 느끼게 했다. 그래서 육아를 위해 과감히 사표를 썼고, 무슨 일이 있어도 유아기에는 아이와 함께해주리라고 다짐했다. 그 다짐을 떠올리면서 무엇이 아이를 위한 일인가를 판단했다.

아이와 많은 시간을 함께한다고 해서 더 많은 것을 가르쳐줄 수 있으리라 기대한 것은 아니다. 단지 그 시간 동안 최선을 다하고 싶었고, 몸이 힘든 것보다 함께하지 못했음을 나중에 후회하게 될까 봐 더 걱정이 됐다. 무엇보다 아이가 나만 바라보는 시기, 내가 아이의 전부인 시기를 온전하게 행복으로 채워주고 싶었다.

도서관에 다닌 지 얼마 되지 않아서, 내 걱정이 지나친 것이었음을 알게 됐다. 남녀노소가 함께하는 도서관이라는 공간에서 아이들은 친화력을 빠르게 배워갔다. 양보와 배려, 어른을 대하는 공손한 태도와 공공장소에서 지켜야 할 약속까지 생활 속에서 자연스럽게 익혔다. 도서관에 상주하는 원어민 선생님과도 금세 친해졌고, 도서관 내 프로그램을 다양하게 체험하면서 유치원 부럽지 않은 배움의 기회를 누렸다. 무엇보다 손 닿는 곳, 눈 가는 곳에 항상 책이 있다는 게 좋았다. 우리는 매일 아침 유치원 버스 시간을 맞추느라 허둥거릴 필요 없이 여유롭게 도서관에 도착해 거기서 하루를 보냈다.

처음 도서관에 갔을 때 두 아이는 궁금증과 호기심이 발동해 한 곳에 가만히 있지 못했다. 여기저기 둘러보느라 책은 뒷전이었다. 다음 날도, 그다음 날도 마찬가지였다. 책을 읽기보다 도서관 구석 구석을 돌아다니는 게 더 재미있는 듯했다. 어른인 나는 '도서관에 가면 책을 읽는다'가 당연했지만 아이들에겐 또 다른 놀이터였다. 두 녀석은 매일같이 도서관 구석구석을 탐험하느라 바빴고 간식을 먹을 때만 나를 찾아왔다. 언제까지 이러려나 싶어 조급함을 느끼기도 했지만, 오히려 그게 더 좋은 일이었음을 알게 됐다.

아이들은 도서관을 전혀 부담스러워하지 않았고 날마다 소풍을 가듯 아침을 맞이했다. 햇살이 좋은 날에는 도서관 앞마당에서 꽃반지도 만들고 소꿉장난도 하며 놀았다. 비가 오는 날엔 빗소리를 들으며 책을 읽었고, 눈이 소복소복 쌓이는 날에는 눈과 관련된 그림책을 봤다. 그렇게 날씨도 계절도 상관없이 우리는 꾸준히 도서관으로 향했다.

탐색의 시간이 지나자 자연스럽게 도서관 내에 우리만의 공간이 만들어졌다. 도서관 2층 한쪽 벽면을 영어책으로 가득 메운 공간, 나지막한 나무 테이블이 놓여 있는 그곳이 우리의 아지트였다. 처음에는 내가 책을 골라주었는데 어느 정도 지나자 스스로 책을 골라 읽었다. 이 시기가 되면 아이들에게 선택권을 넘겨주는 것이 좋다. 물론 흥미 위주의 책만 보려고 하거나 편독을 하는 경향이 보이면 조금은 이끌어주어야 하지만, 관심 분야의 책을 찾아서 읽도록 엄마는 뒤로 물러서 있는 게 좋다. 관심 있는 책을 읽을 때 독서의 재미에 빠져들기 때문이다. 다양한 책을 쌓아놓고 앉은 자리에서 한두 시간씩 꼼짝도 않고 읽던 아이들은 어느 날부터인가는 작가별로 찾아 읽기 시작했다. 가져온 책을 다 읽으면 다음 책을 찾으러 책과 책 사이를 누볐다. 얼마나 그러고 다녔던지 간혹 책을 찾는 어른들을 만나면 사서 대신 찾아주기도 했다.

우리나라 도서관이니 당연하겠지만, 어린이 도서관에도 한글책에 비해 영어책은 상당히 적은 편이다. 그래서 나는 의도적으로 영어책이 비치된 공간에 아지트를 만들었다. 아이들이 오가면서 한 번이라도 더 눈길을 주고 익숙해지게 하기 위해서였다. 이 아이디어는 실제로 효과를 발휘했다. 눈에 자주 들어오는 책을 아이들은 더욱 궁금해했고, 결국엔 읽게 됐다. 언제부턴가 아이들은 도서관으로 들어서면 쪼르르 달려가 읽을 책을 챙긴 다음 2층 우리의 지정석으로 향했다. 가는 길에 꼭 영어책도 몇 권씩 챙겼다.

어린이 도서관에 다니면서 좋았던 점이 또 있다. 아이들이 참여할 수 있는 유익한 프로그램이 많다는 것이다. 참여 방법도 간단해서 홈페이지를 통해 등록하고 수강할 수 있다. 엄마가 조금만 더 관심을 가진다면 아이들에게 독서의 재미뿐 아니라 다양한 놀이 문화까지 경험하게 해줄 수 있다.

엄마표 영어를 시작하면서 아이들보다 영어 동화를 더 많이 읽고 들었다. 처음에는 그림책의 그 짧은 문장도 제대로 알아듣지 못했는데 어느 순간부터 선명하게 들렸다. 내가 정성껏 책을 읽어주면 아이들은 더 신이 나서 큰 소리로 따라 했다. 이런 게 바로 책 읽는 재미일 것이다. 최고의 영어 교육은 하루도 빠짐없이 웃고 떠들고 함께하는 엄마의 열정에서 비롯된다는 것을 깨달았다.

　무엇이든 첫술에 배부를 수는 없다. 환경을 만들고 여유를 가지고 기다려주면 아이들도 그 길로 찾아든다. 다만 어른처럼 직행하지 않고, 할 것 다 하고 온통 쑤셔본 뒤에 온다는 게 흠이지만. 그렇더라도 그것이 아이들의 방식이므로 존중해주어야 한다. 우리는 3년 내내 도서관에서 편안함과 여유를 누리며 책에 흠뻑 빠져 지냈다. 지금도 가끔 아이들과 함께 그때를 회상하며 행복해하곤 한다.

내 꿈의 발전소, 카멜레온 영어 도서관

아이에게 영어책을 읽어주기 시작하면서 나에게는 꿈이 하나 생겼다. 점점 영어가 재미있어지면서 공부를 하느라 새벽까지 불을 밝히는 일이 많아졌다. 토익 교재를 안고 끙끙대던 때는 한 번도 느껴보지 못한 희열이었다. 가끔은 '이렇게 공부하다가 나중에는 영어 선생님이 될 수도 있지 않을까?' 생각도 했다. 하지만 이내 '영어 왕초보인 내 주제에 무슨…' 하면서 감당 못 할 꿈을 꾼 것처럼 뺨을 붉히곤 했다. 하지만 그 생각이 나를 놓아주지 않았다. 지금은 실력이 부족하지만 언젠가는 많은 아이들에게 영어를 가르쳐주고 싶다는 생각에 더 열심히 공부했다.

두 아이를 데리고 매일같이 어린이 도서관으로 출근하던 때, 전남 여수 MBC 〈리얼토크—만남〉 프로그램 중 '책으로 크는 아이들' 코너에 출연한 적이 있다. 그 후 주위에서 태희(딸아이 이름이다)를 알아보는 분들이 꽤 생겼다. 어느 날, 같은 아파트에 사시는 분이

방송을 보았다며 초등학생 자녀 둘에게 영어를 가르쳐달라고 부탁해왔다. 영어유치원부터 시작해 꾸준히 영어를 접해왔는데 부모도 아이들도 스트레스가 많았다고 했다.

영어에 별 재미를 느끼지 못한다는 그 아이들도 우리의 도서관 일행이 되었다. 둘 다 고학년임에도 책 읽기를 많이 힘들어했다. 그 아이들에게 방학 두 달 동안 아주 쉬운 영어책부터 시작해 1,000권의 영어 동화책을 읽게 했다. 매일 수십 개의 단어를 외우고 문법 문제를 푸는 것으로 영어 공부를 해왔던 두 아이는 쉽고 부담없는 영어책의 매력에 빠져들었다. 그렇게 방학을 보내면서 아이들의 영어 실력은 껑충 뛰어 올랐다.

이 아이들을 맡았을 때 처음부터 덥석 수업료를 받진 않았다. 석 달 동안 아이들과 부모가 모두 만족하면 그 후에 정식으로 수업료를 내는 것이 어떠냐고 내가 먼저 제안했다. 남의 아이를 맡는 게 처음인지라 시범 기간이 필요하기도 했는데, 나는 모두를 만족시킬 자신이 있었다. 첫 달부터 수업료를 지불하겠다던 부모로서도 마다할 이유가 없었다. 마침 겨울방학이어서 두 아이는 도서관에 함께 다니며 쉬운 영어책부터 읽었다. 집으로 돌아온 후에는 매일 저녁 2시간씩 석 달 동안 내가 만든 프로그램으로 수업을 했다. 내 아이에게 쏟았던 열정에 책임감까지 더해져 정성을 다했다.

아이들은 기존의 학원 수업과는 다른 수업 방식에 흥미와 재미를 느끼며 무척 만족스러워했다. 오늘은 그만 읽어도 된다고 해도 1권만 더 읽고 가겠다며 조르는 날도 생겼다. 아이들이 변하자 부모도 나를 신뢰하게 됐다. 넉 달째부터는 정식으로 수업료를 받고 가르쳤다. 처음 만났을 때 초등학교 고학년이던 그 아이들은 고등학교 입학 전까지 나와 수업을 함께했다. 그 아이들은 자신의 변화에 놀라면서 친구들에게도 영어가 재미있다고 말하곤 했다.

그게 시작이었다. 그 아이의 친구 엄마가 우리 아이에게도 영어를 가르쳐달라며 찾아왔다. 아이 친구들 사이에 소문이 자자하다면서, 아이가 먼저 영어를 배우고 싶다고 말한 경우는 처음이라고 했다. 나의 엄마표 영어가 아이들이 배우고 싶어 하는 영어, 재미있고 쉬운 영어 공부법으로 입소문이 났다는 것을 그때 처음 알았다.

아이들과 어린이 도서관을 다니던 때, 나중에 우리 집을 영어 도서관으로 만들어야겠다는 생각을 계속해왔다. 재미있게 책을 읽어주고 영어책과 함께하는 방법을 찾아 많은 아이와 공유하고 싶었다. 시작하기는 어렵지 않았다. 그간 틈틈이 사 모은 책이 이미 몇천 권이었다. 여기저기 널려 있는 영어 원서를 주제별, 단계별, 작가별로 정리해보니 그림 동화책을 포함해 6,000권이 넘었고, 영상 자료까지 합하면 1만 점에 가까웠다.

마침내 '카멜레온 영어 도서관'이라는 이름을 걸고 영어 수업을 시작했다. 앞서 방송을 보고 나를 찾아왔던 두 아이가 첫 멤버가 되었다. 엄마들 사이에 입소문이 빠르게 퍼졌다. 사람들이 우리 도서관을 둘러보고 빼놓지 않고 묻는 말이 "이게 돈으로 치면 얼마야?"

카멜레온 영어 도서관에서 아이들이 영어책 읽기 삼매경에 빠져 있다.

라는 것이다. 금액으로 따져도 상당할 테지만 굳이 계산해본 적은 없다. 그 책들은 돈으로 환산할 수 없는 나와 내 아이들의 15년 역사이기 때문이다.

형편이 넉넉했던 것이 아니기에 나는 모든 것에서 우선순위를 책에 두었다. 선물을 할 때면 장난감보다는 아이가 좋아하는 책을 골랐다. 내가 읽히고 싶은 책이 아니라 아이가 좋아하는 것이 무엇인지를 평소에 봐뒀다가 깜짝 선물을 하는 식이었다. 아이들이 어느 정도 자라면 나도 이 분야에서 직업을 가지리라 생각하면서 미래까지 염두에 두고 투자했다. 나도 영어 동화책의 재미에 빠져 공부하는 책들이 쌓여갔고, 그때부터는 조금 먼 미래를 계획하고 본격적으로 영어 공부를 시작했다.

카멜레온 영어 도서관에는 책의 중요성을 알고 찾아오는 이들이 많지만, 영어에 질려 흥미를 잃었다가 소문을 듣고 찾아오는 친구들도 적지 않다. 그 아이들을 통해 영어를 시작하는 데 긍정적인 경험이 얼마나 중요한지 새삼 확인했다. 영어를 처음 접하는 아이들은 영어에 관심과 흥미를 지속시킬 수 있도록 부모가 먼저 관심을 가져야 한다. 우선 환경에 변화를 주어 생활 속에서 영어를 경험하도록 해주는 것이 중요하다. 영어책을 즐겁고 재미있게 읽은 경험은 1권 또 1권, 다음 책으로 계속해서 안내한다. 아이들에게 영어 공부의 길을 친절하게 안내해주는 카멜레온 영어 도서관은 나에게 꿈의 동력을 제공하는 발전소이기도 하다.

영어 독서로 시작하자

책을 좋아할 수밖에 없는 환경부터 만들자

큰아이를 임신했을 때 나름대로 태교에 신경을 썼다. 엄마가 손을 많이 움직이면 아이의 두뇌가 발달한다는 말에 뜨개질로 아이 옷도 여러 벌 떴다. 좋은 음악을 듣고 좋은 책도 많이 읽었다. 지금까지 살아오면서 그 기간에 가장 많은 책을 읽은 듯하다. 뱃속 아기를 위해 읽어주기도 했고, 엄마인 나를 위해 읽기도 했다. 다른 건 못 해줘도 책만큼은 좋아하게 만들어야겠다는 생각을 그때부터 하고 있었다.

어떻게 하면 책을 좋아하는 아이로 키울 수 있을까? 무엇보다 환경이 중요하다. 예를 들어 온종일 TV 소리가 켜져 있는 등 떠들썩한 분위기라면 책을 좋아하는 아이로 자라기는 쉽지 않을 것이다. 책을 좋아하는 아이로 키우기 위해 나는 다음과 같은 몇 가지 규칙을 정했다.

첫째, 장난감 대신 책을 사준다

아이가 책을 장난감처럼 마음껏 가지고 노는 것이라고 받아들이게 하고 싶었다. 아이가 어느 정도 자라 몸을 자유롭게 움직이면서 장난감이 필요해지자 장난감 대여점을 활용했다. 영유아기 장난감은 대부분 고가인데 그 시기만 지나면 아이가 거들떠도 보지 않는다는 생각에서다. 이렇게 빌려서 사용하니 돈도 돈이지만 여러 장난감을 다양하게 접할 수 있어서 좋았다.

대신 책은 최대한 사줬다. 사주고 그만이 아니라 함께 읽기를 반복했다. 유아기에는 부모가 읽어주는 책을 통해 책을 접하지만, 초등학생이 되면 주관이 생겨 읽고 싶은 책과 읽기 싫은 책이 뚜렷해진다. 이는 곧 자신만의 관심 분야가 생겼다는 뜻이며, 아이의 독서 능력이 성장했다는 긍정적인 신호이기도 하다. 어른 중에서도 독서 습관을 지니지 못한 사람이 많은데, 이는 어려서 습관화하지 못했기 때문이다. 좋은 습관을 들이는 데 중요한 시기가 초등학교 때까지임을 기억하자. 물론 그 이후에는 안 된다는 게 아니라 훨씬 더 어렵다는 뜻이다.

둘째, 책을 매일 읽어준다

단순하게 생각했지만, 책을 매일 읽어주는 것은 생각보다 어려운 일이었다. 집안일만으로도 온종일 쉴 틈이 없는데 아이까지 쫓아다니며 돌봐야 하는 터라 저녁만 되면 파김치가 되곤 했다. 그런 사정은 아랑곳없이 아이가 책을 읽어달라고 조를 때면, 가끔은 솔직히 귀찮기도 했다. 그래서 며칠 책 읽기를 미뤘더니, 내가 책을 들고 보여줘도 아이가 시큰둥하니 별 흥미를 보이지 않는 것이었다. 덜컥 겁이 났다. 당장 붉은 매직으로 다음과 같이 써서 한쪽 벽면에 붙여놓았다.

"귀찮다고 피곤하다고 책 읽기를 슬쩍 미루면 우리 아이는 커서 책 읽기 싫어하는 게으름뱅이가 된다."

"엄마가 영어 공부를 하지 않으면 내 아이 영어는 없다."

하루에도 몇 번씩 이 글귀를 일부러 읽으면서 느슨한 마음을 다잡으려고 노력했다. 아이가 책을 읽어달라고 하면, 가능한 한 하던 일을 멈추고 무조건 읽어주자고 마음먹었다. 그 후로는 책을 읽는 데 장소와 시간에 제한을 두지 않았다. 다행히 아이는 책을 좋아했다. 스스로 책을 읽기 시작하면서부터는 한자리에 오랫동안 앉아 꽤 여러 권의 책을 읽었다. 큰아이가 혼자서 책을 읽는 동안 나는 작은아이에게 책을 읽어줬다.

셋째, 책이 있는 장소로 간다

여섯 살, 세 살 난 두 아이와 유치원 대신 도서관에 다녔다. 또 집에서도 거실에 놓여 있던 TV를 안방으로 옮겼고, 아이 손이 닿는 곳은 어디든 바구니에 책을 담아놓았다. 큰아이가 다섯 살 때 부모님 회갑기념으로 온 가족이 크루즈 여행을 떠날 때는 캐리어 하나

가득 책을 담아 갔다. 식당에 갈 때도 할머니 댁에 갈 때도 가까운 곳으로 여행을 갈 때도 항상 일순위가 책이었다. 처음에는 내가 의도적으로 노력했지만 어느 날부터는 아이들이 단짝 친구 챙기듯 스스로 챙겨가기 시작했다.

넷째, 베드타임 독서를 놓치지 않는다

책은 가능한 한 시간을 정해놓고 매일 꾸준히 읽어주는 것이 중요하다. 하루 중 일과에 치여 책을 읽어주지 못한 날은 아이가 잠들기 전 bedtime stories(베드타임 스토리)를 놓치지 말자. 가끔 역할을 바꿔 아이가 엄마한테 동화책을 읽어주게 하는 것도 재미있다. 아이는 주도권을 가졌다는 생각에 자신감과 책임감을 갖게 된다.

아이에게 책을 꾸준히 읽어주는 것은 독서 습관을 기르는 동시에 아이를 정서적으로 풍요롭고 따뜻한 사람으로 키우는 최고의 방법이다. 그것이 베드타임 스토리의 가장 큰 힘이다. 아이들은 자신을 따뜻하게 안아주며 이야기를 들려주는 부모님의 목소리에서 안정감을 느낀다. 그 안정감은 사랑받고 있다는 행복감으로 이어지고, 자기 자신을 아낄 줄 아는 자존감으로 이어진다. 나는 책을 읽어줄 때 많이 읽는 것을 중시하지 않고 천천히, 꼼꼼히 읽기 위해 노력했다. 책을 천천히 읽으면 더 잘 이해하게 되고, 또박또박 읽어주면 아이의 집중력이 높아진다. 그 후 아이는 혼자 책을 볼 때도 천천히 그림부터 살피며 자세히 읽어나가는 모습을 보여주었다.

다섯째, 책을 읽은 후 이야기를 나눈다

독서는 단순히 책을 읽는 행위에 그쳐서는 안 된다. 독서의 양보다 질이 중요하다는 이야기다. 책의 양에만 집착하면 아이는 자칫 부모에게 보이기 위해 읽어내기에만 급급할 수도 있다. 독서의 본질은 양이 아닌 질이다. '천천히 제대로 하는 독서의 힘'이야말로 기적 같은 결과를 가져올 수 있다.

또한 나는 아이들과 그림책을 읽은 뒤에는 자유롭게 이야기를 나눴다. 책 속 내용을 확인하는 시험 같은 형식이 아니라 그림책을 소재로 상상력을 발휘해보는 것이다. 아이들은 신나게 자신들의 생각을 떠들어댔고, 그러면서 읽은 책을 더욱 특별하게 여겼다. 독후 활동이 중요하다는 것은 알고 있지만 막상 실천에 옮기기는 쉽지 않다. 아이가 책을 어느 정도 이해했는지 엄마가 알 수 없는 것은 당연하다. 부담 갖지 말고 "너라면 어땠을 것 같아?" 하고 아이의 생각을 물어보자.

여섯째, 글을 쓸 수 있도록 지도한다

글자를 쓸 줄 알고부터는 '독서 노트'를 만들어줬다. 읽은 책의 제목과 간단한 느낌 한 줄을 적는 것이다. 칸을 채우지 않아도 상관없다. 기분이 좋은 날은 한 줄이 아니라 더 많은 글로 이야기를 풀어놓을 것이다. 한 줄씩 쓴 글에도 자신의 생각이 분명히 드러나 있었고, 나는 넘치는 칭찬으로 더욱 힘을 실어줬다. 아이는 스스로 늘어나는 책 권수에 재미를 붙였고, 노트가 늘어날 때마다 자신감이 더해졌다.

아이들과 함께 꾸준한 독서를 할 수 있었던 이유는 우등생을 만드는 게 목표가 아니었기 때문일지도 모른다. 책을 통해서 자아가 만들어지고, 세상이 만만할 정도로 내면의 힘이 길러지길 바랐다. 두 아이 모두 그 바람대로 잘 자라주고 있어서 고맙고 행복하다.

독서는 지식을 통합하여 응용하게 해준다

 학창 시절 서점에 가면 항상 원서 코너에 들르곤 했다. 우리나라 책과는 조금 다른 크기의 원서들 사이에서 책을 뒤적이고 있노라면 내가 그렇게 지적으로 보일 수가 없었다. 소심하게 누려본 지적 허세라고나 할까. 크게 마음먹고 이 책은 원서로 읽어보리라 다짐하며 사 온 책도 한두 권이 아니다. 하지만 정작 사전을 몇 번 뒤적이다가 한두 페이지도 못 나가고 내팽개친 게 대부분이다. 영화를 자막 없이 보겠다는 결심도 마찬가지였다. 몇 번 시도해보았지만, 도무지 영화 내용을 이해할 수가 없어서 공부도 영화 감상도 아닌 채 시간만 버린다는 생각이 들었다. 10년 넘게 영어를 공부하고서도 왜 영어는 나에게 영원한 이방인이었을까?

 딸 태희는 영어 독서를 통해서 자신의 사고가 점점 커지는 것 같다고 얘기했다. 미국과 영국의 소설책들을 읽으며 그곳을 동경하게 됐고, 언젠가 꼭 여행을 가리라면서 목록을 작성해나갔다. 가고 싶은 나라를 하나씩 꼽아보던 아이는 초등학교 5학년 때 방학을 이용해 2개월간 호주로 단기 어학연수를 떠났다. 호주에 도착해서 학교생활에 빠르게 적응하고 외국인 친구들과도 잘 소통했는데, 이는 꾸준한 영어 독서의 힘이라고 자신한다. 평소 영어 독서를 통해 간접 경험을 많이 했기에 처음 간 나라임에도 낯설지 않았고, 많은 친구를 사귀면서 호주의 문화와 자연을 많이 경험하고 배워 돌아왔다.

영어책을 읽는다는 것은 단순히 글을 읽는 것만을 뜻하지 않는다. 책에 담긴 이야기를 통해 인류의 경험과 문화, 인문과 철학을 모두 접하고 배우게 되는 것이다. 그렇기에 책을 많이 읽는 아이들은 새로운 환경에서 적응하는 능력이 뛰어나고, 다른 사람들과 어울리는 과정에서 적극성을 보인다. 내면에 자신감이 있기 때문이다. 또한 책을 읽는 아이들에겐 집중력과 인내력, 성취력이 길러진다. 학습 면에서도 적극성을 보이고 공부하는 습관이 배어 있기에 뛰어난 학업 성취도를 기록한다.

책을 읽는 아이에게는 분명한 꿈이 있다. 성장 과정에서 변하기도 하지만, 독서를 통해 자신의 소중한 꿈을 가꾸어간다. 책을 읽을 때 가장 중요한 것 중 하나는 '어떤 책인가'이다. 어린아이들에게 터무니없는 사상이나 궤변이 담긴 책을 읽도록 하는 것은 위험하다. 아이들은 책에 담긴 것을 그대로 흡수해버리기 때문이다. 부모가 늘 관심을 가지고 인성과 감성을 다듬고 호기심을 키우는 독서로 이끌어주어야 한다.

　영어 독서는 절대 짧은 시간에 딱 떨어지는 결과물을 만들어내지 못한다. 조금씩이라도 매일 읽어 가랑비에 옷 젖듯 영어가 스며들게 해야 한다. 마라톤을 뛰듯 쉬지 않고 끈기 있게 진행해야 한다. 이런 영어 공부를 하다 보면 아이들의 성취감과 자신감도 몰라보게 자라난다.

　태희는 현재 폴수학학교 중등 2학년에 재학 중이다. 이곳에서는 융합교육을 바탕으로 한 자기 주도형 학습공간을 표방한다. 쉬운 교육과정은 아니지만 스스로 공부할 수 있는 힘을 가진 아이라면 자신감과 성취감을 느끼며 공부할 수 있는 곳이다. 융합교육은 국어, 수학, 영어 등 과목별로 특화되고 독립된 교육을 하는 것이 아니라 모든 과목을 통합하여 사고하고 이해하는 능력을 바탕으로 교육하는 방식을 일컫는다. 예를 들어 보통은 수학 문제를 풀 때 계산 위주여서 단순히 공식만 외워서 대입하는 방식이지만, 융합교육에서는 다양한 분야의 지식을 끌어와 문제를 이해하고 논리적으로 풀어나가야 한다. 이른바 '스토리텔링 수학'이라고도 한다.

　현재와 같이 지식이 분야별로 나뉘는 지식의 분절화는 산업혁명과 더불어 가속화되었다. 대량 생산, 대량 소비가 일반화되면서 전문화와 효율화가 중요해졌기 때문이다. 한 사람이 지식의 스펙트럼 전체를 아우르는 것이 아니라 각 분야에서 전문가가 필요해졌다는 뜻이다. 일을 빨리빨리 처리하여 생산성을 높여야 했으니까. 하지만 이는 인류의 본래적 성격과 들어맞지 않는다. 예를 들어 르네상스 시기의 레오나르도 다빈치만 하더라도 조각과 그림은 물론 천체, 건축, 수학, 음악, 의학, 철학 등의 모든 분야를 넘나드는 인물 아니었던가.

  지식의 분절화가 가져오는 폐단이 명확해짐에 따라 현재는 융합 교육으로 다시 바뀌고 있다. 영어 공부도 마찬가지다. 영어는 언어이기 때문에 단어를 외워서 대입하면 되는 것이 아니다. 문장이나 대화의 문맥을 이해해야 하고, 그러려면 다양한 분야의 지식을 활용해야 한다. 앞서 얘기한 나의 지적 허세가 말 그대로 허세에 머물고 만 것도 영어를 분절된 지식으로 접근했기 때문이다. 사실 나는 원서를 읽을 때도, 영화를 볼 때도 그 안에 담긴 내용을 궁금해하기보다는 모르는 단어를 찾아 외우는 게 급했다. 그래서 재미가 없었고, 재미가 없었기에 의욕이 급히 사그라든 것이다.

  서로 다른 분야의 지식을 통합하여 응용하는 능력은 폭넓은 독서를 통해서만 기를 수 있다. 읽기 능력은 단순히 글자를 읽고 이해하는 것을 넘어 글이 전달하고자 하는 내용을 분석, 비판하면서 전체적인 의미를 파악하는 능력이다. 융합교육에 필요한 사고와 이해력을 길러주는 방법으로 독서를 능가하는 것은 없다.

새로운 세상을 이해하게 해주는 영어 독서

　영어로 된 책을 많이 보기 위해서는 조기 독서 교육이 매우 중요하다. 어려서부터 꾸준히 책을 읽어온 아이들은 독서 습관이 제대로 형성되어 있기 때문에 영어 독서도 쉽게 받아들인다. 영어 독서를 통해서 얻을 수 있는 것이 어휘와 문장만은 아니다. 현지의 다양한 정보와 지식까지 습득할 수 있다. 이 아이들은 영미권의 문화를 간접적으로 접하면서 원어민처럼 사고하고 표현할 수 있게 된다.

　아이들은 영어 동화책을 읽으면서 자연스럽게 영어권 아이들을 이해하고 공감한다. 그들이 생활하는 모습이 담긴 동화책을 보며 다양하고 실제적인 영어를 경험함으로써 더 친근하게 받아들인다. 한번은 태희가 책을 읽다가 "엄마, 왜 이 친구들은 집 안에서 신발을 신고 다녀요?" 하고 묻기도 했다. 이처럼 집 안에서 신발을 신는 것이 '틀린' 것이 아니라 '다른' 것임을 알게 된다. 동화책의 그림과 내용을 통해 놀이나 풍습 그들의 가치관, 역사, 생활양식 등을 배울 수 있다.

일례로 핼러윈(halloween)은 미국의 대표적인 어린이 축제다. 아이들이 유령이나 괴물 분장을 하고 집집마다 다니며 사탕과 초콜릿 등을 얻는다. 우리 아이들은 《Five Little Pumpkins》《Go Away, Big Green Monster!》《Dry Bones》 등의 그림책을 통해 핼러윈을 접했다. 책을 읽고 나서는 어깨에 보자기를 두르고 가면을 쓰고 드라큘라 이빨을 꽂고 놀기도 했다.

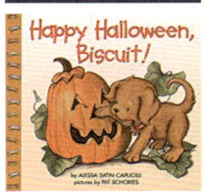

핼러윈이 다가오면 아이들은 이런 그림책을 보며 자연스럽게 미국 문화에 대한 지식을 쌓았다.

사랑스러운 강아지 Biscuit(비스킷) 시리즈에는 영어권의 여러 행사가 소개된다. 《Happy Halloween, Biscuit!》《Biscuit's Graduation Day》《Biscuit's Valentine's Day》《Happy Easter, Biscuit!》에서 핼러윈이나 졸업식, 밸런타인데이, 부활절 등의 미국 문화를 엿볼 수 있다. 우리나라는 어버이날이지만 미국은 Mother's Day(어머니날), Father's Day(아버지날)가 따로 있다. 처음에는 어머니날만 있었지만, 어머니날이 일반화되면서 아버지날도 만들어졌다. 이렇게 영어책만 보아도 미국 문화에 대한 배경지식을 쌓을 수 있다.

어느 날 나에게 수업을 받는 아이의 엄마에게 한 통의 전화가 걸

려왔다. 영어 동화책 표현 중 "Wilf was cross.'라는 문장 때문이었다. 자신이 알고 있는 'cross'는 '가로지르다, 십자가' 정도여서 아무리 끼워 맞춰도 해석이 되지 않았다고 한다. 그래서 아이한테 물었더니 "이 문장에서는 화가 났다는 표현이에요."라고 대답했단다. 영어책을 다양하게 많이 읽어야 하는 이유를 깨닫게 되었다며 그 이야기를 전해줬다.

이처럼 어휘는 다양한 문장 속에서 익혀야 한다. 영어 동화책을 많이 읽는 아이가 영어 구사력이 뛰어난 것은 당연한 이치다. 영어책을 읽는다는 것은 단순하게 보이는 텍스트만 읽어내는 능력을 말하지 않는다. 책을 많이 읽은 아이일수록 다양한 간접 경험을 통해 글을 읽고 내용을 추론하고 의미를 파악한다. 문장 중 모르는 단어가 있어도 당황하지 않고 앞뒤 문맥을 통해 유추해내는 능력이 탁월해진다.

영어 동화책은 아이들에게 살아 있는 영어를 경험하게 해준다. 나라마다 환경은 다르지만 커가는 모습이나 생활은 비슷하다. 문화적인 차이를 제외하고는 표현 방식이 크게 다르지 않기 때문에 살아 움직이는 표현을 함께 배울 수 있다. 나는 영어 동화책을 공부하면서 지금까지 접해본 적이 없던 수많은 단어를 알게 됐다. 실상 우리 주위에서 늘 가까이 접하는 단어지만 어떤 문법책, 문제집을 뒤져봐도 볼 수 없던 것들이다. 예를 들어 'chirp, cheep, tweet' 같은 단어를 문법책에서 본 적이 있는가? 새느 병아리가 지저귀는 소리로 '짹짹, 삐악삐악' 정도로 옮길 수 있다. 또는 'Gingerbread Man'을 보고 즉시 의미를 알아차릴 수 있는가? 아마도 '생강', '빵', '사람'이라는 단어는 알겠지만, 사람 모양의 생강 쿠키를 떠올리는 사람은 많지 않을 것이다. 이런 단어들을 동화책에서는 풍부하게 만날 수 있다.

동화책에는 그 나라의 문화와 생활 모습이 담겨 있다. 우리나라도 그렇고 미국, 일본도 마찬가지다. 그러므로 어떤 나라의 문화와 생활을 쉽게 접하려면 그 나라의 동화책을 보는 것이 좋은 방법이다. 결국 EFL(English as a Foreign Language, 외국어로서의 영어)용으로 만들어진 영어 교재나 회화 중심의 코스북(course book)보다는 영미권 아이들이 읽는 영어 그림책이 우리 아이들에게 가장 좋은 영어 교재라고 할 수 있다.

영어 그림책은 연령이 낮은 아이들이 부담 없이 시작할 수 있다는 장점이 있다. 아이들은 자신이 접하는 짧은 어휘와 문체에 자신감을 갖고 일종의 재미와 놀이로 받아들인다. 책이 전해주는 이야기는 아이들에게 몰입하는 힘을 주고, 그럼으로써 지속적인 학습을 하는 데 동기가 되어준다. 스토리에 빠져들수록 영어를 더욱 친근하게 여기게 된다. 하나하나 쌓여가는 경험 속에서 마음껏 상상하고 마음껏 꿈꿀 수 있기 때문이다. 영어책이 우리 아이들에게 새로운 세상을 보여주는 기회가 된다는 사실을 꼭 기억하자.

영어 다독으로 만들어내는 커다란 차이

올해 초등학교 2학년인 지희는 처음 만났을 때 표정이 밝지 않았다. 마지못해 엄마에게 이끌려 왔다는 것을 자세와 태도에서 읽을 수 있었다. 나와 대화를 나누는 도중에도 지희는 얼른 집에 가자고 엄마를 보채며 칭얼거렸다.

아이가 이런 행동을 하는 데는 분명한 이유가 있다. 지희의 소원은 영어학원을 그만두는 것이다. 거의 매일 학원 갈 시간만 되면 울며불며 안 가겠다고 하는 바람에 한바탕 신경전을 벌인다고 한다. 영어학원을 그토록 싫어하니 수업 태도도 좋을 리가 없었다. 수업에 집중하지 못해 선생님께 지적받기 일쑤였고, 잡담으로 수업 분위기를 방해하는 경우도 종종 있었다고 한다. 엄마는 학원을 잠시 쉬게 할까도 생각했지만, 그랬다가는 영영 다시 시작할 수 없게 될까 봐 그만두기가 겁이 났다고 한다. 그렇게 3년을 힘겹게 끌고 왔지만, 이제는 한계에 다다른 것 같다는 것이다. 다른 아이들은 열심히 공부하는데 혼자 놀게 할 수는 없어서 학원은 그만두고 영어책을 읽히겠다고 나를 찾아왔다.

지희는 왜 이렇게나 영어를 싫어하게 된 것일까? 엄마와 상담을 해보니 다섯 살 때부터 영어유치원에 다닌 것이 문제였다. 내성적이고 말수가 적은 지희는 또래 아이들에 비해 행동이 느리고 새로운 환경에 얼른 적응을 못 했다. 하지만 지희 엄마는 영어를 조금이라도 일찍 경험하게 해주고 싶은 욕심에 학원에 보냈다. 영어로 간단한 표현도 하고 몇 줄짜리 영어 동화책을 읽는 아이를 보며 뿌듯한 마음이 들기도 했다. 하지만 지희는 초등 2학년이 되고 자기주장이 분명해지자 영어 공부가 제일 싫다며 요지부동이었다. 아이의 입장을 고려하지 않고 영어를 무리하게 시작한 탓에 나타난 결과다.

엄마가 마음을 조급하게 먹으면 아이는 거부감을 느낄 수밖에 없다. 다섯 살, 여섯 살 아이들에게 영어를 학습으로 접하게 하는 것은 매우 위험하다. 아이들이 어릴수록 재미와 흥미를 느낄 수 있도록 세심하게 배려해주어야 한다. 엄마부터 여유를 가지고 쉽고 재미있는 책을 찾아 시작해야 한다. 쉽고 재미있는 책은 재미있는 놀이와 같아서 아이가 자연스럽게 받아들인다.

학습은 어느 정도 지적 수준에 이르렀을 때 시작해도 늦지 않다. 어릴 때부터 영어책을 가까이한 아이라면 영어를 훨씬 쉽게 배울 수 있다. 영어를 일찍 시작한다고 다른 아이들보다 실력이 월등히 나아지는 것도 아니다. 언제 시작하느냐보다는 어떻게 경험하게 하느냐가 더 중요하다. 이때 기준은 엄마가 아닌 아이에게 맞춰야 한다. 독서를 통해 지적 수준이 어느 정도 다다른 후 영어 교육을 시작해도 늦지 않다. 아니, 오히려 더 빠르게 더 좋은 결과를 얻을 수 있다.

올해 3학년이 되는 승현이는 영어유치원은커녕 영어학원도 다니지 않았다. 지금도 다양한 영어책을 꾸준히 읽고 들을 뿐 따로 학원은 다니지 않는다. 그럼에도 승현이의 영어 실력은 학년에서 가장 우수하다. 승현이는 영어책을 읽는 내내 표정이 밝고 눈에서 빛이 난다. 1권, 1권 호기심 어린 눈빛으로 집중해서 읽어내려간다. 승현이는 초등 입학 전까지 특별한 영어 교육을 받지 않았다. 집에서 해준 것은 엄마와 함께 꾸준히 책을 읽고 책을 좋아하는 습관을 들여온 것뿐이다. 그런 승현이는 우리 도서관에 처음 왔을 때도 영어 동화책을 낯설어하지 않고 호기심에 가득 차 흥미 있게 받아들였다.

승현이가 영어를 처음 시작한 초등 1학년 때는 영어유치원을 나온 아이들에 비해 실력이 좋은 편이 아니었다. 그러나 꾸준히 영어책을 읽으면서 1년쯤 지나자 점점 다른 아이들을 따라잡기 시작했다. 한글책을 많이 읽은 승현이는 이해력이 무척 빨랐다. 스펀지처럼 영어를 빨아들였고 분량이 꽤 많은 챕터북도 쉽게 소화했다. 반에서도 어느새 영어를 잘하는 아이로 인정받게 됐다. 어렸을 때부터 꾸준히 다져온 독서 습관이 아이의 경쟁력이 된 것이다.

공부 잘하는 학생들은 영어 독서를 한다. 좋은 대학에 합격했거나 영어 실력이 뛰어나다는 학생들의 인터뷰 기사를 보면 하나같이 책을 많이 읽었다는 이야기를 한다. 영어 교육 전문가들 또한 아이들이 영어를 잘하는 첫 번째 방법은 독서라고 입을 모은다. 이렇게 영어 독서의 중요성을 잘 알고 있음에도 제대로 시키지 못하는 이유는 무엇일까?

엄마가 갓난아기를 키울 때를 생각해보자. 엄마는 아이에게 많은 것을 요구하지 않는다. 아이가 "엄마" 또는 "아빠"라고 말해주기까지 수개월에서 1년이 넘게 걸린다는 걸 잘 알기 때문에 말문이 터지기를 기다린다. 하지만 영어에 대해서는 그런 관대함을 베풀지 않는다. 학원 몇 달 다니면 영어 실력이 확 늘 거라 생각하고, 또 그렇게 요구한다. 당장의 성과가 중요하기 때문에 영어 동화책을 읽으면서 영어에 대한 감각을 폭넓게 점진적으로 갖춰가는 것을 기다리지 못하는 것이다.

독서의 효과는 금방 드러나지 않는다. 눈에 보이려면 시간이 필요하다. 독서 전문가들의 이야기를 들어보면 어려서 읽은 책은 성장 과

어려서 익힌 독서 습관은 평생 든든한 저력이 된다.

정에서 점차 융합되어 지식으로 자리 잡는다고 한다. 영어도 마찬가지다. 꾸준한 독서를 통해 아이가 책의 재미를 느낄 수 있을 때까지 엄마의 도움이 필요하다.

영어 독서를 하는 아이와 그렇지 않은 아이는 실력의 차이가 갈수록 커진다. 우리 자녀의 미래를 생각한다면 지금이라도 영어 독서를 시작하게 해야 한다. 처음에는 엄마와 함께 시작하지만 시간이 지나면 스스로 책을 찾아 읽도록 해야 한다. 영어는 절대 단기적인 목표가 되어서는 안 된다. 장기적인 관점에서 다독으로 접근해야 하며, 그럴 때 우리 아이들의 미래도 밝을 것이다.

아이가 영어를 좋아하게 만드는 법

먼저 한글책부터 충분히 읽혀라

아이들과 함께 유치원 대신 도서관을 향하던 때가 생각난다. 평일 오전 도서관은 고요할 만큼 조용하다. 도서관의 넓은 공간에는 다양한 책이 잘 정리되어 있고, 늘 기분 좋은 책 냄새가 가득하다. 이렇게 조용하고 잘 정리된 넓은 서재를 우리 아이들은 집처럼, 유치원처럼 사용했다. 그곳에서 3년을 매일같이 책을 읽으며 추억을 만들어왔다.

오후 3시가 지나면 학교와 학원에서 수업이 끝난 아이들이 한두 명씩 도서관으로 모여든다. 평일에 혼자 도서관을 찾는 아이들은 책을 좋아하는 아이들이다. 그런 아이들은 조용히 자리를 잡고 앉아 밖이 어둑어둑해질 때가지 그대로 책을 읽는다. 책의 재미에 푹 빠져 시간 가는 줄 모른다. 태희도 자기가 좋아하는 폭신한 무지개 의자에 앉아 책 읽는 것을 좋아했다. 읽고 싶은 책들을 챙겨 자리에 한번 앉으면 시간을 잊은 채 책 속 세상으로 빠져들었다.

모든 부모는 내 아이가 책을 좋아하고 늘 친구처럼 가까이하기를 바란다. 호기심이 많은 아이는 책을 통해 자신이 경험할 수 없었던 새로운 세상을 접하고, 상상의 나래를 펼치며 꿈을 찾아간다. 아이들은 원래 책 읽기를 좋아하지만, 환경이 만들어지지 않은 공간에서 책의 재미를 찾기란 쉽지 않다. 그러므로 책 좋아하는 아이로 키우려면 엄마가 먼저 관심을 가지고 환경을 조성해주어야 한다.

아이가 영어 동화책을 접하는 것은 또 다른 세상을 발견하는 것과 같다. 일상적으로 보아온 것과는 다른 문화, 다른 자연환경을 만나기 때문이다. 영어 동화책을 함께 읽는 것은 엄마에게도 즐거운 일이다. 동심으로 돌아가 아이와 대화하는 기쁨은 오직 엄마만이 느낄 수 있는 특권이자 행복이다. 이 과정을 통해 엄마의 영어 실력도 늘게 되니 아이와 엄마가 함께 성장하는 좋은 기회가 된다.

그런데 새로운 언어를 익혀나갈 때 꼭 기억해두어야 할 것이 있다. 바로 한글책 읽기의 중요성이다.

초등 3학년인 은서를 처음 만난 것은 1년 전이다. 은서 어머니는 영어는 처음이니 잘 부탁한다면서, 어릴 때부터 한글 동화책을 꾸준히 읽혔고 책을 좋아하는 아이라고 딸을 소개했다. 초등 3학년이면 영어를 시작하기에 늦은 것은 아니지만, 요즘 아이들에 비하면 이른 편도 아니다. 우리는 쉬운 영어책을 읽는 것부터 수업을 시작했다. 은서는 내용을 빠르게 이해했고 자세 또한 반듯했다. 책 읽는 습관이 잘 만들어진 아이임을 알 수 있었다. 책을 읽을 때마다 호기심 가득한 눈으로 집중했고, 영어 그림책을 읽을 때는 자신이 읽은 한글 동화책을 떠올리며 쉽고 재미있게 받아들였다.

은서의 예와 달리, 배경지식이 없는 상태에서 영어책을 접하면 어떻게 될까? 낯선 언어에 내용까지 생소한 책을 접하면서 흥미를 보이기란 쉽지 않다. 하지만 한글 동화책을 통해 풍부한 배경지식을 쌓았다면 영어를 더욱 쉽고 친근하게 받아들일 수 있다. 어린이 도서관에 있는 그림책은 영어 그림책의 번역본이 대부분이다. 도서관에서 많은 책을 접한 아이들이 영어 그림책을 읽을 때 쉽게 이해하는 이유가 이것이다. 이미 한글판으로 한 번 읽었기 때문에 영어책도 훨씬 친근하게 받아들인다. 이런 아이들은 책 속에서 모르는 어휘가 나와도 당황하지 않고 그림과 연결하거나 문장 속에서 어려움 없이 유추해낸다. 영어가 처음이라던 은서는 며칠도 안 걸려 영어책 읽기에 흠뻑 빠졌다.

책을 많이 읽는 아이들은 글의 흐름을 이해하는 방법이 이미 훈련되어 있기에 영어도 훨씬 쉽고 수월하게 습득한다. 영어책을 잘 읽으려면 한글책을 많이, 꼼꼼히 읽어야 한다고 말하는 이유가 이것이다. 그림만 대충 보고 넘기거나 띄엄띄엄 읽는 아이는 내용을 정확하게 이해할 수 없다. 한글책을 대충 읽는 습관이 들면 영어책을 읽을 때도 그렇게 된다. 1권을 읽어도 꼼꼼하게, 그림까지 잘 살피며 읽는 습관을 들여야 한다.

나는 아이가 어렸을 때 무릎에 앉혀놓고 책을 읽어줄 때면, 아이의 검지를 잡고 책 표지의 제목부터 꼭꼭 눌러가며 한 글자씩 꼼꼼하게 살피듯 읽어줬다. 그래서 태희는 책을 읽을 때마다 검지를 치켜세우곤 했다. 그렇게 책 제목과 본문을 손가락으로 따라 읽으면서 한글을 깨쳤다. 책에 펼쳐진 그림을 보고 이야기를 나누었고 아이가 책장을 넘기기 전까지 충분히 기다려줬다. 아이들은 스스로 생각할 수 있는 여유 속에서 창의력과 상상력을 마음껏 표현한다.

아이들에게 책을 더 맛깔스럽게 읽어주기 위해 동화 구연 수업도 받았다. 동화 속 인물들이 살아 움직이는 듯 책을 읽어주면 아이들은 호기심 어린 눈빛으로 더욱 집중해서 빠져들곤 했다. 도서관에서 책을 읽을 때는 한글 동화책과 영어 동화책을 비슷한 비율로 가지고 와 함께 읽었다. 책의 재미를 더하기 위해 목소리 톤을 조절해가며 한 사람이 여러 역할을 하는 배우처럼 열정적으로 읽어줬다. 이렇게 읽어준 책들은 아이 혼자서 수십 번 반복 읽기를 하면서 완전히 이해하는 능력을 키워나가게 된다.

엄마의 작은 정성이 재미와 흥미를 더해 책을 좋아하고 책 읽는 습관까지 지니게 해준다. 모국어인 한글의 기반을 다지는 것은 초등 저학년까지는 물론 이후에도 영어를 익히는 데 중요하고 결정적인 역할을 한다. 다양한 분야의 한글책을 꾸준히 읽고 폭넓은 배경지식을 쌓아 이해력을 키워가야 한다. 영어도 한글과 마찬가지로 독서량을 꾸준히 늘리면서 다양한 주제로 확장해나가야 한다. 그런 독서는 어휘력과 문장력, 사고력, 창의력을 기르는 데 많은 도움이 된다. 영어를 잘하기 위해서는 무엇보다 한글책 읽기를 게을리하지 말아야 한다.

제목만 보고도 알게끔 반복해서 읽혀라

영어 동화책 읽기를 지도할 때 "선생님, 이 책 어제 읽었는데 또 읽어요?" 하고 질문하는 아이들이 있다. 대부분 나와 수업을 시작한 지 얼마 안 된 아이들이 가지는 궁금증이다. 거기에는 빨리빨리 단계를 올라가야 하는데 한곳에 너무 오래 머무르는 것 아니냐는 조급함도 있는 듯하다.

나는 수평적 책 읽기 방법으로 지도한다. 수평적 책 읽기는 한 단계에 속하는 많은 책을 상당 기간 반복해서 읽어 완전히 이해하는 방법이다. 1권을 매일 반복하는 것은 아니고, 같은 레벨의 다양한 책 200권 정도를 약 6개월 동안 반복해서 읽어나간다. 아이마다 개인차는 있지만, 약 1,000번의 횟수가 채워지면 그 책은 가장 쉬운 책이 된다. 책 제목만 읽어도 어떤 내용인지, 어떤 어휘들이 반복해서 나오는지 알 수 있기 때문이다. 영어책은 여러 권의 책을 한 번씩 읽는 것보다 같은 책을 여러 번 읽고 이해하는 것이 실력을 쌓는

데 훨씬 더 도움이 된다. 반복되는 어휘와 문장들이 인풋이 되어 말하기와 쓰기의 아웃풋으로 연결된다.

읽기를 반복하는 과정에서 아이들은 내용을 더욱 쉽게 이해하게 된다. 핵심 단어가 책 전반에 걸쳐 계속해서 나오므로 저절로 익혀진다. 문장 역시 실생활에서 사용할 수 있는 문형으로 반복해서 제시되므로 한 번 읽는 동안에도 복습이 된다. 이런 과정을 통해 아이들은 더욱 적극적인 자세와 자신감으로 책을 읽게 되고 1권이 끝날 때마다 더 높은 성취감을 느낀다. 처음에는 쉽고 아주 짧은 문장의 동화책을 읽지만, 시간이 지날수록 챕터북이나 소설까지 섭렵하게 된다. 아이들은 스스로도 자신이 성장하고 있음을 확인하고 뿌듯해하며 영어책 읽기에 재미를 더해간다.

모든 일이 그렇지만, 특히 영어는 자신감이 중요하다. 스스로 할 수 있다고, 잘하고 있다고 믿어야 더 잘하게 된다. 나는 어떻게 하면 아이들의 자신감을 키워줄 수 있을지 고민했다. 그래서 매일 책을 읽고 정리할 수 있도록 독서 노트를 만들기로 했다. 노트에는 아이들이 그날 읽은 책의 제목을 적는다. 함께 진행한 다양한 수업 내용도 같이 기록하여 진도를 언제든지 확인할 수 있도록 한다.

그렇게 한 달을 지내면 독서 노트를 집으로 가져가게 한다. 그날은 칭찬복이 터지는 날이다. 엄마들은 놀라고 흐뭇해서 칭찬을 아끼지 않는다.

"한글책도 아닌 영어책을 이렇게 많이 읽었어? 대단하다!"

칭찬을 받으면 아이들은 자신감이 부쩍 커진다. 이렇게 엄마와 선생님, 아이들이 힘을 합쳐 영어 공부를 더 재미있게 만들어가는 것이다.

1권의 노트가 마무리되면, 그건 버리고 새 노트를 시작하는 게 아니라 링으로 연결하여 계속 누적시킨다. 그러니까 시간이 지날수록 노트가 아주 두꺼워진다. 아이마다 4권짜리도 있고, 6권짜리도 있다. 어떤 아이는 10권째 쓰기도 한다. 노트만 봐도 영어의 성장 과정을 확인할 수 있다. 쉬운 그림책에서 시작해 리더스북, 챕터북, 소설책까지 읽어나가는 과정을 경험한 아이들은 스스로에 대한 자부심으로 가득 차게 된다.

아이들의 영어 실력 뒤에는 수천 번을 반복해서 읽었음을 보여주는 독서 노트가 있다.

"나 벌써 영어책 1,000권 읽었어!"

"나 독서 노트가 8권이야!"

사람들은 영어 소설책을 수월하게 읽고 간단하게 줄거리를 요약해내는 아이들을 보고 부러워한다. 하지만 그 뒤에는 독서 노트 8권에 기록된 수많은 영어책이 있다. 그 책들을 수천 번 반복해서 읽으면서 자기 것으로 만든 결과라는 것을 이곳 아이들은 너무나 잘 알고 있다. 그러므로 서로를 인정하고 격려하면서 동기를 부여한다.

모국어 환경이 아닌 상황에서 외국어를 배우는 가장 효과적인 방법은 실제와 비슷한 상황을 최대한 많이 만드는 것이다. 하지만 원어민을 자주 만나는 데는 한계가 있다. 그런 의미에서 세계적인 언어학자로 꼽히는 크라셴(Stephen Krashen)이 강조하는 것이 영어 도서관이다. 그는 이렇게 말했다.

"한국과 같은 아시아 국가들은 어려서부터 영어회화를 가르칠 게 아니라 영어 도서관을 많이 지어 보다 많은 책을 접하게 해야 한다. 그러면 이후 회화도 손쉽게 배울 수 있다."

심지어 그는 다독이 영어를 배우는 '최선의 길'이 아니라 거의 '유일한 길'이라고 강조한다.

영어 다독은 우리가 학교 수업시간에 해왔듯 어려운 문장을 분석하고 번역하는 읽기 방식과는 전혀 다르다. 당신은 혹시 영어책을 재미있게 읽어본 경험이 한 번이라도 있는가? 아마도 거의 없을 것이다. 우리나라 영어 교육이 실패한 가장 큰 원인이 바로 이것이라고 생각한다. 그나마 요즘 영어 도서관에는 동화책이나 리더스북, 챕터북 등 흥미로운 것들이 많다. 얼마 전에는 서울의 한 중학교에서 매일 아침 영어책을 읽게 했다는 기사도 봤다. 어려운 책도 아니고 페이지마다 그림이 있고 텍스트는 10~15줄 정도밖에 안 되는 챕터북인데, 이것을 매일 읽혔더니 중간고사 영어 성적이 수직 상승했다고 한다.

영어 원서를 읽는 것은 독해 실력만이 아니라 영어 말문을 틔우는 데도 도움을 준다. 예를 들면 "I am a boy. You are a girl.(나는 소년이다. 너는 소녀다.)"처럼 영어 교과서 제일 처음에 나오는 이런 문장을 우리는 일상생활에서 쓰지 않는다. 이런 문장을 달달 외우는 것보다 영어 원서에 나오는 문장을 통해 회화를 익히는 것이 영어로 말하는 데 훨씬 도움이 된다.

아이들은 반복 훈련을 통해 이미 경험한 것에 자신감을 얻고 학습에 집중하게 된다. 다양한 영어 동화책을 반복해서 읽는 일은 영어의 집중도를 높이고 책을 이해하는 범위를 넓혀준다. 어려운 책보다는 쉽고 재미있는 책으로 소리 내어 반복하여 읽는 것이 효과적임을 기억하자.

아이를 위한 인센티브, 북 트리와 독서 노트

태희는 여섯 살쯤부터 한글을 능숙하게 읽기 시작했다. 당연하게도, 영어책보다 한글책에 재미를 느끼더니 영어책은 어느샌가 뒷전으로 밀려났다. 영어책을 읽어주려고 하면 한글책을 읽어달라고 했고, '영어'라는 말만 해도 투정을 부리며 한글책 오디오를 틀어달라고 했다. 내가 관심을 갖지 않거나 영어 환경을 의도적으로 만들지 않는다면 영어책에서 점점 소홀해질 수 있겠다는 생각이 들었다. 실제로 얘길 들어보니 이 시기에 아이들이 영어책 읽기를 거부해 포기했다는 엄마들이 꽤 있었다.

한글책 읽기도 중요하지만 한글책과 영어책을 같이 읽게 할 방법은 없을까? 아이들이 책 읽기를 게임처럼 여기게 할 순 없을까? 한글책과 영어책의 균형을 잡으려면 어떤 방법이 좋을까?

한동안 고민을 이어가다가 북 트리를 생각해냈다. 영어책과 한글책 북 트리 두 장을 벽에 나란히 붙여놓고 아이가 읽은 책의 수만큼 스티커를 붙여주는 것이다. 확실히 눈에 보이는 자극이 가해지자 아이의 행동에 변화가 왔다. 한글책 쪽에 스티커가 붙어 있는 만큼 영어책을 읽고자 했고,

아이들은 여기에 스티커를 붙일 때마다 뿌듯해했다.

그렇게 양쪽 북 트리에 스티커를 붙여갔다. 둘 중 스티커가 적은 부분은 욕심을 내 책을 더 읽기도 하고, 자기가 갖고 싶은 아기자기한 선물을 경품으로 걸어달라고 말하면서 책 읽기를 게임처럼 더욱 즐겁게 만들어갔다.

엄마표 영어를 시작하면서 아이에게 자극을 줄 수 있는 방법을 많이 고민했다. 조금의 당근과 채찍만으로도 아이들은 자극을 받았다. 당근과 채찍을 활용할 때 당근으로 주로 활용한 것은 넘치는 칭찬과 격려였고, 채찍은 그날만큼은 엄마가 선택한 동화책을 읽는 것이었다. 평소 아이 손이 덜 가는 책을 염두에 두었다가 채찍용으로 사용했다. "영어책 1권 읽으면 갖고 싶은 것 사줄게." 이런 당근은 한 번도 사용하지 않았다. 처음부터 너무 자극적인 당근을 주다 보면 아이는 달콤함에 취해 더 강한 달콤함을 요구하게 된다. 나는 바람직한 방향으로 잡아가기 위해 적절한 보상의 수위를 고민했으며 아이가 영어를 즐길 수 있도록 지속적으로 인센티브를 제공했

다. 사람들은 누구나 자기가 기울인 노력에 대해 보상을 받고자 하는 심리를 가지고 있기 때문이다.

도서관을 다닌 지 3개월 정도 됐을 때 아이에게 독서 노트를 만들어줬다. 온종일 꽤 많은 책을 읽는 태희에게 오늘의 일을 기록으로 남겨주고 싶어서였다. 노트가 1권씩 끝날 때마다 특별한 선물을 주겠다고 했더니 태희는 열렬히 환영했다. 이후 독서 노트 1권이 끝나는 날이면 근처의 문구점에 들러 태희가 갖고 싶어 하던 캐릭터 문구를 사줬다. 열심히 노력해서 받는 선물이라 그런지 흔한 캐릭터 문구 하나에도 태희는 무척 기뻐했다.

이처럼 Book Tree(북 트리)나 Book Stamp(북 스탬프), Reading Tree(리딩 트리) 등을 만들어 스티커를 붙여가며 아이 스스로 뿌듯함과 성취감을 느끼게 하는 것도 좋은 방법이다. 엄마의 폭풍 칭찬과 격려 또한 쉽게 제공할 수 있는 최고의 인센티브다.

카멜레온 영어 도서관에서 수업을 하는 아이들도 하루에 읽은 영어책을 독서 노트에 기록한다. 처음에는 아주 쉬운 책부터 시작해 반복하는 과정을 통해 책의 레벨이 점점 올라간다. 단어에서 문장으로, 그리고 그림책에서 리더스, 챕터북, 소설책까지 영어 성장 과정을 한눈에 볼 수 있는 것이 바로 독서 노트다. 횟수가 1,000권을 기록할 때마다 맛있는 간식을 준비해 작은 파티를 열어줬다. 아이마다 개인차는 있지만 6~7개월 정도가 지나면 완성할 수 있는 양이다. 자기 레벨보다 한 단계 낮은 레벨부터 시작하기 때문에 도전하는 데 부담이 없다. 이를 통해 다음 레벨의 영어책으로 자연스럽게 넘어갈 수 있다.

읽은 책의 권수가 늘어날 때마다 아이들 스스로도 성취감이 높아진다는 것이 느껴졌다. 아이들의 표정은 점차 자신감으로 차올랐고, 수업시간에 더욱 집중하며 적극적인 자세를 보였다. 노트가 1권씩 늘어갈 때마다 이런 성취감은 더욱 커진다. 다독을 통한 성취감과 자신감은 영어를 더 깊이 있게 공부하도록 하는 원동력이 된다.

세영이는 초등 1학년 때 처음 만난 아이다. 단어가 적힌 그림책부터 시작해 6년 동안 독서 노트 12권을 채웠다. 12권의 노트에는 Oxford Reading Tree(옥스퍼드 리딩 트리) 1단계 Kipper(키퍼) 시리즈부터 Harry Potter(해리 포터)까지 수천 권의 책 제목이 기록되어 있다. 아이들은 영어 성장 과정이 담긴 자신의 독서 노트를 소중한 재산으로 여긴다. 스스로의 기록물을 훑어보고 뿌듯해하며 영어에 대한 자신감을 만들어가는 것이다.

엄마의 꾸준한 관심과 독려가 엄마표 영어의 핵심이다. 행동 하나가 습관이 되려면 예외를 두지 않고 일관성 있게 밀고 나가야 한다. 성취감을 통해 다음 학습을 즐겁게 받아들일 수 있도록 적절한 인센티브를 제공해보자.

3년 만에 기적을 만나다

　카멜레온 영어 도서관을 운영하면서 많은 부모를 만났다. 그때마다 나는 "아이들에게 쉽고 재미있는 영어 동화책을 차고 넘치게 읽혀야 합니다."라고 말하곤 했다. 그러면 한편으로는 수긍하면서도 과연 그것만으로 영어 실력이 늘 수 있는지 물어보는 사람이 많았다. 실제로 많은 엄마가 문법과 쓰기, 말하기 등 여러 가지를 동시에 경험시켜야 한다는 생각에 불안해한다.

　초등 3학년 민영이는 나를 만나기 전 문법 수업을 받고 있었다. 민영이는 우리 도서관에 와서도 처음에는 시큰둥하기만 했다. 조동사, 가정문 등 뜻도 모르는 용어를 외워야 했으니 영어에 진절머리가 난 것이다. 동화책 읽기를 준비하기 위해 알파벳을 떼게 하고 단어를 외우도록 학습지까지 시키는 부모도 많이 보았다. 이렇게 하면 시간이 지날수록 아이와 엄마의 실랑이만 잦아진다. 매일 해야 하는 학습지에 부담을 느껴 아이는 결국 영어를 싫어하게 된다.

가장 안타까운 것은 당장 눈앞에 보이는 것만 쫓아간다는 것이다. 문장을 한두 줄이라도 매끄럽게 읽고 단어를 술술 말하길 원하는 엄마들이 많다. 하지만 재촉하고 확인하는 영어 학습에서는 흥미도 재미도 찾을 수 없다. 더 큰 문제는 한번 흥미를 잃어버리면 회복하는 데 많은 시간이 걸린다는 것이다. 즐겁게 갈 수 있는 길을 어렵게 빙빙 돌아 다시 제자리로 오는 것이다. 결국 힘들어지는 것은 아이들이다.

나라고 처음부터 이런 이치를 알고 있었던 건 아니다. 나 또한 영어 환경을 만들어주면 아이가 금세 변화할 줄 알았다. 영어책을 꾸준히 읽어주고 보여주고 들려주면, 몇 달 만에라도 아이 입에서 영어가 술술 나올 줄 알았다. 아이가 스스로 영어책을 읽고, 영어로 노래를 부르고, 의사 표현을 하는 날을 얼른 만나고 싶었던 것이다.

하지만 그런 날은 의외로 더디게 찾아온다. 별 반응을 보이지 않는 아이를 보면서 의구심이 든 적도 있다. 내 방법이 맞는 것인지 확인하고 싶었다. 하지만 기다려주는 수밖에 도리가 없었다. 아이를 믿고 엄마의 할 일을 성실하게 하면, 언젠가는 아이가 영어책을 읽고 영어로 자신의 생각을 말할 수 있으리라고 믿어야 했다.

큰아이의 독서 노트

영어 환경을 만들어 영어 동화책을 읽고 듣고 한 지 3년 가까이 됐을 때, 나에게도 기적 같은 순간이 왔다. 다섯 살 아이가 정확한 영어 발음으로 책을 읽어내려간 것이다. 그뿐 아니라 자신이 본 영화의 장면, 장면을 영어로 완벽하게 설명하는 것이 아닌가!

전문가들은 언어를 습득하기 위해서는 최소 3,000시간(임계량) 동안 영어에 노출되어야 한다고 말한다. 이 시기까지 아이들은 침묵의 시기(silent period)를 거친다. 엄마표 영어 교육에서 가장 중요한 문제는 엄마의 '영어 실력'이 아니라 '의지'다. 꾸준히 영어를 읽어주고 보여주고 들려주면 된다는 믿음과 함께 일관성을 유지할 때, 아이의 변화하는 모습을 볼 수 있다.

어린 시절부터 많은 시간과 고액의 사교육비를 투자하는데도 의사소통이 어렵고 영어를 싫어하는 아이들이 늘어나는 이유는 무엇일까? 가장 큰 이유를 잘못된 교육 방법에서 찾을 수 있다. EFL 환경은 영어로 의사소통할 상황이 거의 없으므로 영어를 시험에 필요한 과목 정도로만 생각한다. 필요에 의한 내적 동기를 갖기가 어려운 환경인 것이다. 다람쥐 쳇바퀴 돌듯 반복되는 학습에서 재미와 흥미를 찾기란 쉽지 않다. 특히 침묵의 시기에는 눈에 보이는 효과가 거의 없으므로, 사교육 기관은 궁여지책으로 외형적 결과를 내놓는 교육을 한다. 부모의 만족도를 위해 읽고, 단어를 암기하고, 문법을 익히고, 해석하게 하여 점수를 매기는 것이다. 그 때문에 어린 시절부터 성인이 될 때까지 2만 시간 이상 영어에 투자하면서도 의사소통을 제대로 하지 못하는 것이다.

영어 독서는 내 아이의 선호도와 성향을 가장 잘 아는 엄마가 영어 환경을 적극적으로 조성해주면서 임계량을 채워나갈 수 있는 방법이다. 영어를 잘하기 위해서는 듣기, 읽기, 말하기, 쓰기 영역 중에서 우선은 듣기의 임계량을 채워나가야 한다. 영미권 성우가 읽어주는 영어 동화책을 통해 소리와 글자를 연결하는 동안 글자를 습득하게 된다. 그런 다음 아이 스스로 책을 읽으면서 의미를 이해할 수 있는 단계로 발전한다.

나는 내 아이뿐 아니라 카멜레온 영어 도서관에서 책을 읽는 많은 아이가 스스로 즐기며 영어를 학습한다는 것에 대단한 자부심을 갖고 있다. 공부라고 느껴지지 않을 만큼 스스로 만족하고 재미에 빠져들어 책을 읽어나간다. 아이들이 영어 독서를 꾸준히 함으로써 얻어지는 최고의 성과는 영어를 즐기고 좋아하는 아이로 자란다는 것이다. 영어가 부담스럽지 않고 편안하게 느껴지는 아이로 자라는 것. 이것이 우리 모두가 원하는 엄마표 영어의 기적이 아닐까.

2부

연령별로 시작하는
영어 최소한의 법칙

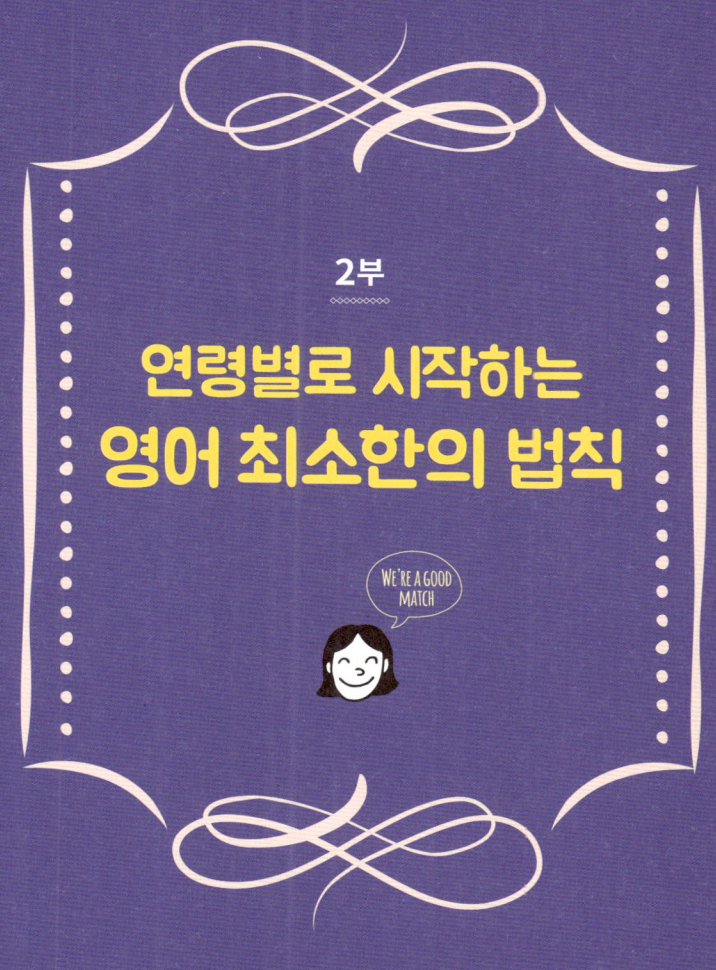

1장

마법을 일으키는 숫자,
1-10-10

엄마표 영어를 시작하기 전에

'엄마표', 누가 이름을 붙였는지 참 꼼꼼하고 따뜻한 말이다. 정성과 마음을 담아 아이를 정말 제대로 가르칠 것만 같다. 그런데 엄마들과 상담을 하다 보면 엄마표에 실패하고 어려움을 호소하는 이들이 꽤 많다. 과연 무엇이 문제일까?

"할 수만 있다면 얼마나 좋겠어요. 그런데 엄마라 그런지 아이도 저도 강력한 책임감이 없어 꾸준히 하기가 어려워요."

"우리 애는 언어 감각이 없나 봐요. 알아듣기 쉽게 차근차근 설명해주는데도 못 따라 하니, 성질이 나서 못 가르치겠어요."

"몇 번 복습한 것을 자꾸 틀리니까 저도 모르게 화가 나고, 아이에게 자꾸 상처 주는 말만 하게 돼요. 이제 공부만 하려고 하면 목소리 톤이 올라가서 그냥 포기했어요."

아이를 너무나 사랑하고 아끼는 열혈맘들이 가장 흔히 하는 말이다. 엄마표 영어를 시작하기 전에 엄마이기에 절대 하지 말아야 할 것들이 있다는 것을 알아두자.

첫째, 내가 다 할 수 있다는 생각은 버려야 한다

엄마는 만능 슈퍼우먼이 아니다. 많은 것을 혼자 감당하겠다는 마음으로는 절대 오래가지 못한다. 엄마의 피곤함은 아이들에게 그대로 전달된다. 엄마의 마음이 가볍고 행복해야 아이들도 행복하게 따라올 수 있다. 엄마표 영어를 선택했다면 가르치는 쪽보다는 조언하는 입장에서 아이를 바라보아야 한다. 가르치고 나서 확인하고 아이의 학습 일정과 과제물까지 하나하나 체크하는 것은 가르치는 사람의 입장이다. 이런 엄마는 칭찬보다는 질책을 하기가 쉽고, 무리하게 강요하거나 반복되는 확인으로 아이를 지치게 할 수 있다. 가장 위험한 것은 이런 엄마의 태도 때문에 아이가 영어를 두려워하고 자신감을 잃을 수도 있다는 것이다. 그에 비해 조언하는 입장은 한 발짝 뒤로 물러나는 것이다. 엄마가 모든 것을 할 수 있다는 생각을 버리고, 아이와 힘을 합쳐 나아가는 것을 최선이라고 여기는 입장이다.

둘째, 엄마 주도적 학습이 되어서는 안 된다

엄마의 계획에 끌려다니는 아이는 공부를 절대 기분 좋게 계속할 수 없다. 작은 것 하나에도 아이와 충분히 의견을 나누고 존중해주어야 아이도 공부하며 성장해나간다. 더 잘, 더 많이, 더 빨리라는 급한 마음부터 버리자. 엄마의 지나친 욕심은 아이에게 재미와 흥미까지 빼앗는 독이 될 수 있다. 그러면 재미있고 즐겁게 갈 수 있는 길을 험난하게 돌고 돌아 가야 할 수도 있다. 엄마의 욕심이 아이들을 더 힘들게 한다는 걸 명심하자.

셋째, 엄마가 할 수 있는 최소한으로 시작한다

내가 먼저 지치지 않기 위해 늘 최소한의 법칙을 기억하자. 최소한만 하면 그것으로도 충분하니, 더 욕심내서 아이를 다그치지 말자. 영어 최소한의 법칙 1-10-10, 즉 하루에 1권 읽기, 10분 듣기, 10분 말하기를 기억하자. 나는 하루에 1권이라고 생각하니 크게 부담이 없어서 1권을 읽더라도 최대한 맛깔스럽게 읽어주게 됐다. 아이는 최소한의 법칙을 매일 깨트리며 더 읽어달라고 보챘다. 그럴 때면 나는 이미 목표를 채웠기 때문에 조급함 없이 고마운 마음으로 읽어주었다. 영어책, 한글책 특별히 구분하지도 않았다. 책을 매일 읽어주는 일은 절대 쉬운 일이 아니다. 피곤해서 깜빡 잠이 든 나를 흔들어 깨우며 읽어달라는 아이에게 무심코 짜증이 난 적도 있다. 그럴 때면 1권만 읽어도 다행이라고 생각했는데 더 읽어달라니 고마운 일이라며 마음을 다잡곤 했다. 지금 돌아봐도 아이가 원할 때는 최대한 읽어줬기에 후회는 없다.

넷째, 확인하지 말자

엄마표 영어를 선택하는 순간 흔히 하는 실수가 있다. 책을 읽어주면서 꼭 확인하는 것이다. 내가 가르쳐준 것을 얼마나 알고 있는지 궁금해하는 것은 당연하다고 할 수 있다. 하지만 확인하고 재촉하는 순간, 아이는 그만큼 흥미를 잃기 쉽다. 책과는 멀어지고 영어는 영원히 남 이야기가 될 수 있다. 중요한 것은 기다림이다. 매일 최소한의 법칙을 지키면서 아이가 원할 때는 최대한 읽어주되, 엄마의 욕심으로 아이를 지치게 해서는 안 된다. 책과 친해질 수 있도록 여유를 가지고 기다려야 한다. 얼마 지나지 않아 아이는 앵무새처럼 책 내용을 온종일 떠들고, 어딜 가든 책부터 챙기는 독서광이 될 것이다.

다섯째, 칭찬으로 아이의 자신감을 끌어올리자

아이들의 반응을 놓치지 말고 즉시 칭찬하자. 어른 아이 할 것 없이 칭찬 싫어하는 사람은 아무도 없다. 책을 혼자서 잘 읽을 때도, 영어 한마디를 표현할 때도, 예쁘고 반듯한 행동을 했을 때도 아낌없이 칭찬하자. 칭찬은 자신감을 끌어올리는 최고의 선물이며 더 좋은 방향으로 안내하는 나침반임을 기억하자.

여섯째, 엄마 스스로 에너지를 만들자

아이가 어릴 때는 매일의 일상이 변화무쌍하다. 아이들과 모험을 하듯 즐길 수 있다면 금상첨화겠지만, 그러려면 엄마 자신도 지치지 않는 체력을 유지할 수 있도록 노력해야 한다. 엄마의 컨디션이 아이에게 그대로 전해지기 때문이다. 아이와 함께하는 일상은 많은 에너지를 필요로 한다. 일정한 시간 꾸준한 운동으로 자신을 돌보는 것도 스스로를 사랑하는 모습이며, 그것이 무엇보다 앞서야 한다. 육아는 장기전이다. 온종일 집안일을 하면서 아이까지 제대로 가르치려고 작정했다면, 그 시간은 고된 노동의 시간이 될 것이 뻔하다. 단단히 마음먹지 않으면 어느 날 거울 앞에서 자신의 낯선 모습에 우울해질 수도 있다. 나는 살림을 하나의 비즈니스라고 생각하고, 나를 집으로 출근하는 커리어우먼이라고 여겼다. 사랑하는 내 아이를 교육하는 데 일정 부분을 책임지는 프로가 되겠다고 결심했다. 나도 전문가이고, 뚜렷한 목표를 가지고 하루를 보낸다고 생각하니 몸이 힘든 순간에도 힘을 낼 수 있었다. 이왕이면 늘어지고 편안한 옷차림보다는 조금 타이트한 옷을 입었다. 특별한 외출 준비 없이 그 상태로 아이와 함께 나들이를 갈 수 있을 정도면 충분하다. 약간의 긴장은 활기를 불러일으키고 게으름을 멀리하게 해준다.

영어 최소한의 법칙
: 하루에 책 1권 읽어주기

    1권을 읽어도 집중해서 읽는 것이 중요하다. 동화책을 하루에 1권씩만 읽어주어도 한 달이면 30권이다. 재미와 흥미를 느낄 수 있도록 정성 들여 읽어주면 아이는 분명 그 책을 좋아하게 된다. 아이들은 자기가 좋아하는 책은 반복해서 읽으면서 자기 것으로 만든다.

    하루에 딱 1권만 읽어줘도 충분하다. 이렇게 생각하면 엄마도 가벼운 마음으로 신나게 읽어줄 수 있다. 매일 수십 권을 읽어줘야지 하는 과한 욕심은 아이에게 그대로 전달되어 책 읽기 싫어하는 아이로 만들게 된다. 너무 높은 기대치를 갖기보다는 최소한의 양으로 매일 성실히 채워나가자. 분명히 언젠가는 책을 쌓아놓고 혼자 집중해서 읽는 아이의 모습을 보게 될 것이다.

    하루 1권이라고 생각하면 가볍게 느껴지기도 하고 별것 아닌 듯 생각되기도 하지만, 실상 너무 가벼워 놓치는 날이 많아질 수 있다. '오늘 못 읽었으니 내일 2권 읽어주면 되겠지' 생각하다가 하루 이틀 지나 어느새 일주일을 넘기고 한 달이 훌쩍 지나가 버리기도 한다.

엄마가 먼저 자신과의 약속을 지키지 않으면 흐트러지는 것은 한순간이다. 엄마표 영어를 지속할 수 있는 힘은 자신과의 약속을 꾸준히 지켜나가는 끈기에서 나오는데, 이것은 가장 어려운 부분이기도 하다. 피곤해서 미루고, 바빠서 또는 아파서 미루다 보면 하루 1권도 쉽지 않다. 아이에게 하루 세끼를 꼬박꼬박 차려주듯이 하루에 책 1권은 꼭 읽어주자.

나는 집안에 행사가 있을 때도 먼저 숙제하듯 책 1권을 읽어주고 행사에 참여했다. 뒤로 미루는 습관보다 먼저 하자는 계획을 세운 것이다. 내 할 일을 먼저 하고 나면 마음이 가벼워졌다. 그 덕에 아이가 읽어달라고 재촉하는 책을 기분 좋게 읽어줄 수 있었다.

나는 아이가 원할 때는 언제든지 읽어주려고 노력했다. 어느 날은 시간 가는 줄도 모르고 새벽까지 읽기도 했고, 아이가 잠든 나를 깨워 무릎 위에 올라앉아 책을 내미는 일도 많았다.

아이가 좋아하는 동화책을 읽어줄 때 나는 목소리 톤과 액션이 달라진다. 책을 읽으며 아이와 함께 콩콩 뛰기도 하고 하늘을 날듯 아이를 안고 빙글빙글 돌기도 한다. 책에 나오는 장면들을 몸으로 표현하는 것이다. 그렇게 신나게 한바탕 놀고 난 후에는 CD를 틀어놓는다. 아이는 흘러나오는 영어 소리에 맞춰 책장을 넘겨가며 따라 읽기도 하고 춤을 추면서 노래를 따라 부르기도 했다. 그렇게 하면서 완전히 자기 것으로 만들었다.

책은 아이가 원할 때 마음껏 읽어주되 확인하지 않는다는 규칙을 세우고, 꼭 지켰다. 한글책이든 영어책이든 아이가 궁금해하는 부분은 친절하게 얘기해줬지만 "이것은 뭐야? 뭐라고 말해?" 하는 식으로 내용을 이해했는지 떠본 적은 한 번도 없다. 가끔 얼마나 알고 있는지 궁금할 때도 있었지만, 그럴 때마다 언젠가 아이가 먼저 자신의 실력을 보여줄 것이란 믿음으로 마음을 다잡았다. 그래서 더 게으름을 피울 수도 없었다.

영어 최소한의 법칙
: 하루 10분 영어 소리 들려주기

학부모들로부터 가장 많이 받는 질문 중 하나가 집에서 할 수 있는 쉬운 영어 공부 방법은 무엇이냐는 것이다. 그때마다 나는 영어 흘려듣기를 권한다. 영어 흘려듣기는 현재 실력 수준이 어떠한가를 떠나 누구든 가볍게 시작할 수 있다. 또한 매일 반복하면 상당한 효과를 거둘 수 있는 방법이기도 하다.

예를 들어 아이들이 좋아하는 동화책 CD나 동영상 1편을 매일 보여주면 된다. 이때는 물론 자막 없이 보여주어야 한다. 엄마와 나란히 앉아 같이 보면 좋지만 그러지 않아도 된다. 처음에는 아이들이 집중하지 않아도 상관없다. 무엇이든 새롭게 시작할 때는 적응하는 데 시간이 걸리기 마련이다. 매일 일정한 시간을 정해 보여주는 것이 중요한데, 그 시간이 되면 당연히 그 소리를 듣게 된다는 습관을 들이기 위해서다. 즉 일정한 시간이 되면 영어 소리에 노출될 수 있는 환경을 만든다는 것이 핵심이다.

아이들은 그림을 그리거나 장난감을 가지고 놀면서도 소리에 귀를 기울인다. 그 소리는 아이들에게 자연스럽게 스며들어 어느 날부터는 영상에 집중해서 소리를 듣게 된다. 엄마가 꾸준히만 틀어준다면 말이다. 영어 소리를 차고 넘치게 듣는 것은 가정에서 시간과 돈을 절약하며 영어를 익히는 가장 쉽고 중요한 영어 공부법이다.

연령에 알맞은 시간으로 하루 1편 정도 보여준다. 서너 살짜리 아이인 경우 20분 정도의 짧은 영상이 적합하다. 필요 이상으로 오래 노출시키면 오히려 학습장애 등 부작용을 가져올 수 있다. 특히 DVD는 흘려듣기에 유용한 도구이긴 하지만 아이들이 쉽게 빠져들어 영상만 계속 보려 할 수도 있다. 장시간 반복해서 보는 것을 집중력이 좋은 것으로 오해할 수 있으나 절대 그렇지 않다. 지나칠 경우 자칫 인지장애까지 이어질 수 있으니 노출 시간에 신경 써야 한다. 아이의 연령에 맞게, 적당한 시간을 정해서, 되도록 부모와 함께 보자. 하루 1편 정도가 적당하며 동화책과 오디오를 많이 활용하는 것이 좋다.

듣기 학습에 동화책을 많이 활용하는 이유는 아는 만큼 들리기 때문이다. 영어 동화책을 활용할 때는 엄마가 먼저 온몸으로 신나게 읽어준다. 그런 다음 음원을 들려줘 원어민의 정확한 발음으로 다시 듣게 한다. 이런 과정을 반복하면 귀가 쉽게 뚫린다. 엄마와 함께 손가락으로 단어를 짚어가며 듣는 것도 하나의 방법이다. 자신이 잘 아는 내용 혹은 엄마와 함께 읽었던 내용을 귀로 들음으로

써 차근차근 영어를 익혀갈 수 있다.

우리 아이들에게도 하루 1편의 DVD를 보여주면서 소리를 흘려듣게 했다. 아이들이 일상에서 영어 소리에 노출될 수 있도록 한 것이다. 집중해서 재미있게 본 영화도 틀어줬는데, 이미 잘 알고 있는 내용이기 때문에 쉽게 이해했고 장면을 떠올려가며 말을 따라 하기도 했다. 흘려듣기는 차로 이동할 때나 식사할 때, 놀 때, 목욕할 때 등 어느 때든 할 수 있다.

언어를 배울 때 듣기는 매우 중요하다. 상대방의 말을 들을 수 있어야 내 말을 할 수 있기 때문이다. 언어는 모방에서 시작된다. 즉 다른 사람의 말을 잘 이해할 수 있어야 그에 적절한 답을 할 수 있다. 외국인을 만나도 말 한마디 나누지 못하는 것은 무슨 말을 하는지 알아듣지 못하기 때문이다.

영어 교육에 많은 시간을 투자하면서도 영어를 두려워하고 잘하지 못하는 아이들이 많다. 이는 엄마 아빠가 학원에만 맡겨놓고 집에서는 전혀 관심을 기울이지 않기 때문은 아닐까? 영어는 공식을 배워서 이해하는 것이 아니라 계속 사용해서 몸으로 이해해야 한다.

언어학자 촘스키(Noam Chomsky) MIT 교수는 "모든 인간은 언어를 습득하는 능력을 갖추고 태어난다."라고 했다. 언어 습득 장치가 없어지는 시기를 보통 12세로 본다. 어릴 때는 뇌 조직의 유연성이 커 언어를 쉽게 배운다. 사춘기가 시작되면 대뇌 언어 영역이 굳어져 외국어를 배우기가 이전에 비해 현저히 어려워진다. 나이 들어서 언어 천재가 되긴 어렵다고 말하는 이유가 이 때문이다.

아이를 키우고 교육하면서 아이들은 대부분 언어 천재가 아닐까 생각한 적이 있다. 똑같이 앉아서 보았던 영화도 오디오로 흘려듣기를 하다 보면 종종 놀라곤 한다. 나는 귀를 기울여 집중해야 간신히 들리는데, 아이는 놀면서 흘려듣고도 상황을 정확하게 설명해주곤 했다. 그림을 그리다가도 머릿속으로 영어책을 넘기듯 정확하게 소리를 인지하는 경우도 많이 보았다. 엄마가 읽어주는 영어 동화책을 귀 기울여 듣는 아이에게 흘려듣기는 듣기의 첫 단추로 아주 유용하다. 언어의 발달 단계에서 가장 기본인 듣기가 제대로 이루어지지 않는다면 소통을 기대하기는 어렵다. 언어를 공부할 때는 많은 시간을 귀로 듣는 데 투자해야 입으로 말을 하는 단계에 이를 수 있다.

영어 최소한의 법칙
: 하루 10분 영어로 대화하기

"Okay, honey. It's bath time."

자, 목욕하자.

"Let's take off your clothes."

옷을 벗자.

"Let's take off your diaper, too."

기저귀도 벗자.

"Let's get into the bathtub."

욕조로 들어가자.

"The water's warm, isn't it?"

물이 따뜻하지?

"Should we splash in the water? Splash, splash."

물장구쳐볼까? 첨벙첨벙.

"Here, play with this rubber ducky. Quack, quack."

이 물오리 인형 가지고 놀아. 꽥꽥.

"Wash your hair first."

머리 먼저 감아야지.

"Let's make some bubbles with the shampoo."

샴푸로 거품을 내보자.

"Rinse your hair with some clean water."

깨끗한 물로 헹구자.

"We'll wash your pretty face. We'll wash your hands squeaky clean."

우리 아기, 예쁜 얼굴도 씻고, 손가락도 뽀득뽀득 씻자.

"Okay, we're all done. Let's dry you with the towel."

자, 다 됐다. 이제 수건으로 닦자.

태희가 어렸을 때 목욕 시간은 거의 이런 모습이었다. 자기 몸에 관심을 가지고 신체 명칭을 배울 수 있도록 이렇게 간단한 영어 문장을 반복했다. 화장실에 들어가면 포스트잇 3장이 붙어 있다. 거울 앞에 1장, 변기 옆에 1장, 샤워부스 옆에 1장. 거울 앞의 포스트잇에는 아이 이를 닦아주거나 세수를 시킬 때 사용하는 영어 표현이 쓰여 있다. 변기 옆과 샤워부스 옆에도 각 상황에 맞게 간단한 생활영어를 적어 붙여놓고 아이에게 반복해서 영어로 말을 걸었다.

처음에는 생활 속 회화를 배울 수 있는 유아 영어책《Hello 베이

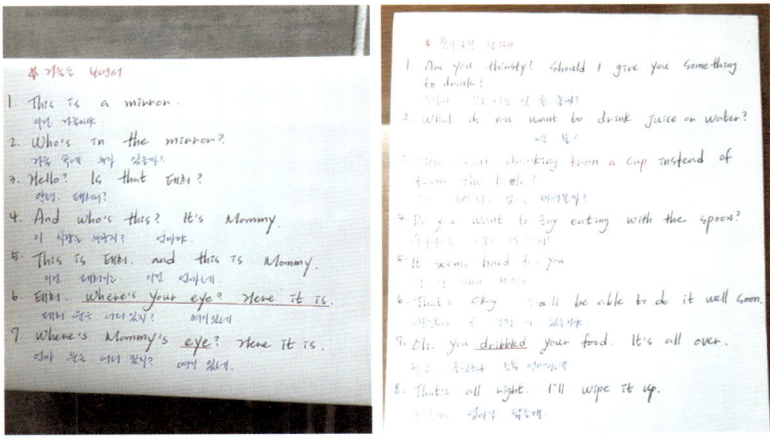

집 안 곳곳에 붙여놓은 영어 표현. 일종의 '엄마표 커닝페이퍼'다.

비 Hi 맘》과 《Let's Play 베이비 OK 맘》을 구입해 내가 먼저 공부했다. 어린아이를 키우는 집은 대개 비슷하겠지만 아이들을 재우고 뒷정리를 하고 나면 거의 자정이 넘는다. 나는 그 시간에 매일 책상에 앉아 영어책을 읽거나 회화책 한 페이지씩 외우고 난 뒤에야 잠자리에 들었다. 혼자 아무리 야무진 계획을 세워도 일상은 내 맘 같지 않게 진행될 때가 많다. 집 안 곳곳에 포스트잇을 붙여놓았지만, 정작 거기 적힌 영어보다 우리말이 먼저 튀어나오곤 했다. 영어를 능숙하게 말하기까지는 어느 정도 부담감도 느껴졌다.

좋은 방법이 없을까 고민하다가 인터넷을 통해 엄마표 영어를 하고 있는 열정적인 엄마를 찾아 나섰다. 나에게도 동기부여가 되고 서로의 자녀들에게도 도움이 될 수 있도록 영어 친구를 만들기 위해서였다. 얼마 후 안양과 대구에 사는 엄마들과 연락이 됐다. 《Hello 베이비 Hi 맘》과 《Let's Play 베이비 OK 맘》을 매일 한 페이지씩 외워 서로 공부한 것을 테스트하기로 했다. 아침 6시 또는 아이들이 잠든 밤 12시에 매일같이 전화통화를 하며 서로 공부한 내용을 나누었다. 아이들 연령도 비슷하고, 같은 엄마이다 보니 말이 잘 통했다. 서로서로 응원해주고 힘겨울 때는 위로해주면서 오랫동안 엄마표 영어를 하는 데 동력이 되어주었다. 혼자 하는 것보다 훨씬 더 책임감이 느껴져 서로 응원하며 신나게 공부할 수 있었다. 영어책을 달달 외워 일상에서 사용할 수 있을 만큼 서로 도움이 됐다. 모두 소중한 친구들이다. 그렇게 책이 너덜거려질 만큼 반복하여 보는 동안 나도 영어 표현이 많이 늘었다.

  혼자서 영어 공부를 하기에 에너지가 떨어지는 독자가 있다면 나처럼 함께할 수 있는 사람들을 찾아보기 바란다. 요즘에는 인터넷 카페나 동네 모임에서도 엄마들끼리 공부 모임을 따로 가지고 활발하게 운영되는 곳이 많으니 조금만 노력해도 찾을 수 있을 것이다. 한 가지 주의할 점은, 일상을 많이 공유하는 가까운 지인과 함께할 경우 영어보다 다른 부분에 대한 수다로 시간이 낭비될 수 있다는 점이다. 그렇기에 나는 가까운 지인보다는 생판 모르지만 같은 문제를 공유하는 엄마들을 찾았다. 지금 와서 생각해보니 참으로 열정적이었구나 싶다. 몸이 피곤해도 피곤한 줄 몰랐던 이유를 곰곰이 짚어보니, 언제나 마음속에 이 시간은 두 번 다시 돌아오지 않는다는 생각이 있었음을 알게 됐다. 아이는 언젠가는 엄마보다 친구를 더 좋아하게 될 테고, 책보다 재미있는 놀잇감과 즐길 거리를 만나게 될 테니까. 집중할 수 있는 시간에 최선을 다하자는 생각이 나를 이끌었다.

이른 아침 아이를 깨울 때, 화장실을 사용할 때, 옷을 갈아입을 때, 식사를 할 때 등 상황에 맞는 생활영어를 집 안 곳곳에 붙여놓고 수시로 들려주었다. 아이도 상황에 맞게 이해했으며, 어느 정도 시간이 지나자 간단한 표현은 영어로 할 수 있게 됐다. 영어로 표현할 때는 한 문장 속에 영어와 우리말을 섞어 사용하지 않았다. 짧더라도 완전한 문장을 구사해 전할 수 있도록 노력했다.

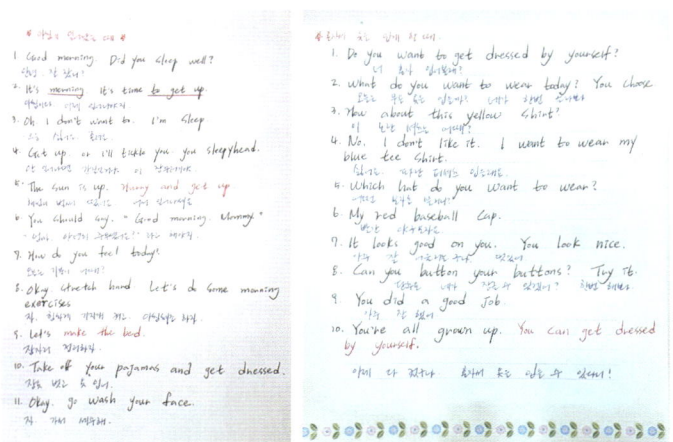

짧은 문장을 반복해서 들려주다 보니 엄마의 영어도 몰라보게 늘었다.

'hand(손)'를 표현할 때도 "Where is your right hand?(오른손은 어디 있지?)" 혹은 "No, that's your left hand. You use your right hand when eating.(아니, 그건 왼손이야. 밥 먹는 손이 오른손이지.)" 하는 식으로 반복해서 완전한 문장으로 전달했다. 그러자 아이들은 빠르게 이해했다. 집 안 곳곳에 포스트잇을 붙여놓고 그걸 보고 읽을 때조차도 수없이 반복해야 말이 입 밖으로 자연스럽게 나온다. 몇 번 한다고 줄줄 외워지는 것이 아니기에 익숙해질 때까지 수시로 반복해야 했다.

아이가 어릴 때 듣는 소리는 평생 저장된다고 한다. 그러므로 발음이 정확하지 못한 엄마라면 원어민의 목소리로 녹음된 영어 프로그램, DVD, 그림책이나 노래 CD 등을 들려주는 것이 좋다. 그렇지만 발음이 정확하지 못하다고 아이들에게 영어로 말 걸기를 주저해서는 안 된다. 이런 엄마들도 아이들과 함께 음원을 듣고 영어책을 꾸준히 읽으면서 실력을 쌓아갈 수 있다. 엄마들이 영어 공부를 할 수 있는 최고의 시기는 아이들과 함께할 수 있을 때다. 아이들에게 전하는 영어 한마디와 아이들보다 먼저 공부하는 영어책 1권이 머지않은 미래에 엄마의 영어 자산이 될 것이다.

엄마의 자신감이 중요하다

아이에게 표현하는 유아 영어를 벗어나 조금 더 적극적으로 회화를 배워보고 싶다는 욕심이 생겼다. 집에서 말을 걸고 주고받는 영어 표현들이 조금씩 익숙해지자 자신감이 생긴 것이다. 아이들과 도서관에 다니던 당시, 오전 타임에 어른들을 위한 영어회화반이 있었다. 수업료도 무료였다. 초급과 중급반으로 나뉘는데, 원어민 선생님과 수업 참여자들이 40분 정도 일정한 교재를 가지고 대화를 이어나가는 방식으로 이뤄졌다. 아이들이 도서관 이곳저곳을 탐색하며 자기들이 원하는 책을 자유로이 읽고 있을 때 나에게 주어진 선물 같은 기회였다. 그런데 막상 원어민과 대화를 주고받는 시간이 되자 왜 그렇게 가슴이 콩닥거리던지, 질문을 받아도 무슨 말인지 들리지가 않았다. 그렇게나 열심히 책을 외우고 영어 CD를 들었는데…. 너무나 어이가 없고 좌절감까지 느껴졌다.

곰곰이 생각해보니 실수하지 않아야겠다는 부담감이 말문을 막고 있었다. 되든 안 되든 질러봐야 원어민도 잘못된 부분을 짚어줄 수 있을 텐데 머릿속에서 완전한 문장을 만든 다음 입 밖으로 내려 하니 망설여질 수밖에 없었다. 자신감이 뚝뚝 떨어지고, 그런 나의 모습이 실망스러워서 수업을 포기할까도 생각했다. 하지만 지금 이 순간을 뛰어넘지 못하면 언제까지나 영어 몇 마디 외워 말하는 수준을 넘어서지 못하겠구나 하는 생각에 마음을 고쳐먹었다.

그런데 같은 원어민을 대하는데도 딸은 나와 달랐다. 원어민 시간만 되면 움츠러들어서 버벅거리는 나에 비해 태희는 망설임이 없었다. 거리감도 느껴지지 않는 듯 자신이 알고 있는 단어와 문장으로 친근하게 다가가 말을 건네곤 했다. 그런 딸의 모습에 더 자극이 됐다. 그 뒤부터 도서관에서 원어민을 만나면 먼저 말을 걸어보기 시작했다. 질문할 대사를 먼저 외워 말을 건네는 것이다. 인사를 먼저 나누고 고향을 물어보고 친구가 되고 싶다는 말을 전하기도 했다. 그런 노력 끝에 우리는 원어민 선생님과 친구가 됐고 주말엔 집으로 초대해 같이 시간을 보내기도 했다. 여전히 표현이 자유롭진 않았지만, 시간이 지나자 외국인에 대한 거리감을 좁힐 수 있었다. 또한 친한 외국인이 있다는 이유 하나만으로도 자신감이 높아졌다.

아이가 영어를 잘한다고 하면 어른들은 대개 이렇게 말한다.

"영어로 말 좀 해봐라."

이러면 아이는 당황할 수밖에 없다. 영어 역시 우리말과 같은 의사소통의 수단일 뿐인데, 갑작스레 영어로 말하라고 하면 무슨 말을 어떻게 해야 할까? 그것도 대화 상대 없이 혼자서 말이다. 그럴 때면 배려가 부족한 그분에게 똑같이 말해주고 싶다.

"영어로 말 좀 해보세요."

이런 말을 들으면 누구라도 스트레스를 받지 않을까?

영어 스트레스는 엄마부터 극복해야 한다. 엄마도 아이도 영어에 적응하는 기간이 필요한 것이다. 엄마가 영어에 자신감을 갖지 못한 상태라면 막연한 두려움으로 스트레스를 받기보다 영어책을 한 번이라도 더 펼쳐보는 것이 현명한 행동이다. 엄마표 영어는 아이와 엄마가 함께 성장할 수 있어야 성공한다. 능숙하게 영어를 잘하는 것이 중요한 게 아니라 아이와 함께 무언가를 공유하는 것이 중요하다. 그것이 영어 공부를 멋지게 해내는 첫걸음이다.

2장 0~3세

영어와 친해지기
가장 좋은 시기

영어도 첫 만남이 중요하다

지나온 시간을 되돌아보니 0~3세는 영어 교육에서 최고의 시간이었다. 한동안은 온종일 먹이고 재우고 기저귀 가는 일이 전부인 것 같지만, 엄마가 아이에 대해 공부하면서 좀더 욕심을 내본다면 참 많은 것을 수월하게 얻을 수 있는 시기이기도 하다.

아이들은 6개월 이후가 되어야 시각적으로 사물을 또렷이 인지하게 된다고 한다. 하지만 청각은 엄마의 뱃속에 있을 때부터 민감하게 발달해 있다. 그러므로 태교를 할 때 뱃속 아이에게 책을 읽어 주는 것은 유난스러운 것이 아니라 현명한 행동이다.

우리 아이들은 영어 그림책으로 영어를 처음 만났다. 영어 그림책은 가장 자연스럽게 영어를 시작할 수 있는 수단이다. 유아일 때는 너무 자극적인 비디오에 노출시키는 것은 위험하다. 반면 cloth book(헝겊 책), bath book(목욕 책), toy book(장난감 책) 등은 장난감으로도 충분히 활용할 수 있다. 나는 아이가 만지고 빨면서 마음껏 가지고 놀게 했다. 이를 통해 아이는 자연스럽게 책과 친해질 수 있었다.

  젖을 먹일 때도 분유를 먹일 때도, 손바닥만 한 책을 한 손에 들고 소리 내어 읽어줬다. 조금 지나 6개월 정도 되었을 땐 사물을 인지할 수 있게 사과 apple/s, 배 pear/s, 포도 grape/s, 참외 melon/s, 수박 watermelon/s, 바나나 banana/s 식으로 한글과 영어를 손가락으로 하나하나 짚어가며 들려줬다. 그리고 "This is a banana." "Banana is yellow."와 같이 짧은 문장을 만들어 들려줬다.

  많은 책도 필요 없다. 아이의 연령에 맞는 몇 권을 반복해서 읽어주면 된다. 아이가 엉금엉금 기어 다니기 시작하자 책은 아이가 가장 좋아하는 장난감이 되었다. 앉을 수 있는 시기가 되자 책 하나하나를 펼쳐놓고 손가락으로 그림을 짚어가며 무어라 웅얼거리곤 했다. 아이를 안고 방 안 구석구석을 돌면서 물건들을 영어로 이야기해주면 아이는 아는지 모르는지 빛나는 눈으로 집중해서 들었다. 아이의 까르르 터지는 웃음을 보기 위해 일부러 우스꽝스러운 모습으로 책을 읽어주기도 했다.

  영어 그림책은 아이들에게 재미있는 세상을 만나게 해준다. 아이들은 자신의 세계와 비슷한 이야기에 흥미를 보이고 쉽게 빠져든다. 울던 아이도, 떼쓰던 아이도, 화내던 아이도 좋아하는 그림책을 들이밀면 금세 엄마 무릎 위에 엉덩이를 내려놓는다. 그림책 속에는 아이가 좋아하는 해님도 달님도 사자도 있고, 애벌레도 잠자리도 개미도 있다. 아이가 잠을 자지 않으면 아이를 업고 그림책을 읽어줬다. 금세 책 속으로 빠져들어 살그머니 잠든 아이 모습을 보면 참 포근하고 행복해졌다.

12개월을 넘어서자 한글책, 영어책 구분 없이 읽어줬다. 같은 언어라고 생각했기 때문이다. 우리말 그림책을 읽을 때처럼, 영어책도 그림을 보며 자연스레 읽었다. 영어 글자도 그림과 함께 통문자로 보여줬다. 단어 인지부터 시작할 수 있는 한 줄짜리 영어 동화에는 실생활에서도 써먹을 수 있는 훌륭한 문장이 담겨 있다.

에릭 칼(Eric Carle)의 《Have You Seen My Cat?》을 읽을 때는 아이가 제일 좋아하는 토끼 인형을 감춰놓고, "Have you seen my rabbit?" 하면서 인형 찾기 놀이를 했다. 그 뒤로 찾을 물건이 있을 땐 "Have you seen my ~?" 하며 아이와 함께 찾아다녔다. 놀

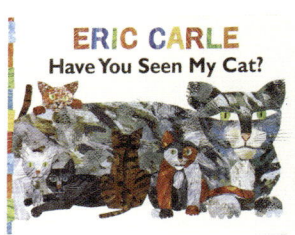

아이와 이 책을 읽고 난 후 이름을 바꿔가며 찾기 놀이를 했다.

이터에서 아이가 시소를 탈 때도 올라가면 "Up", 내려오면 "Down" 하면서 기회가 있을 때마다 한마디씩 영어로 말을 걸었다. 그러자 어느 날 자동차가 경사진 곳을 오르자 아이가 "Up, up, up." 하고, 내려올 때는 "Down, down, down." 하는 것이 아닌가. 생활 속에서 "Where is your book?" 정도의 짧은 문장을 하루 한두 개씩 계속 같은 상황에서 반복하자 시간이 지나 아이 입에서 "No." "Yes."

"Here it is." 정도의 답이 나오게 됐다.

읽어준 동화책의 CD를 틀어서 소리를 들려주면 어느새 신나는 놀이 시간이 되곤 했다. 리듬이 있는 의성어·의태어는 들썩들썩 흉내를 내며 몸으로 익히고, 동화책 내용과 관련 있는 노래나 챈트(chant)가 나오면 아이는 신이 나서 따라 불렀다.

지난 시간을 돌이켜보니 내가 열정을 가지고 가장 부지런하게 움직였던 시간이 아이가 만 3세가 될 때까지였던 듯하다. 이 시기에 열성이었던 것이 얼마나 다행스러운지 모른다. 엄마표 영어가 가능한 시기를 10세까지로 정한다면, 단연코 만 3세 이전이 황금기다. 이 시기의 아이는 들려주고 보여주고 읽어주는 많은 것을 스펀지가 물을 흡수하듯 빨아들인다. 또한 아이가 반항하지 않는 시기이기도 하다. 3세 이전에 쏟는 엄마의 세심한 배려와 관심이 이후에도 영어를 편안하게 받아들이도록 해주는 최고의 동력이라고 말하고 싶다.

이때는 글 대신 그림을 읽는 시기로 영어 문자를 처음 익히는 단계다. 문자는 모르지만 그림으로 내용을 대충 이해하며, 오감을 이용해 책을 장난감처럼 가지고 논다.

이때 아이들이 흔히 "엄마, 우리말로 읽어줘요. 영어 말고요."라고 요구한다. 아이들이 영어 그림책이라는 환경에 적응할 때까지 기다리면서 영어 제목과 그림을 이해하며 책을 보는 것으로도 만족하자. 이 시기에는 한 단어나 두 단어로 운율과 리듬이 반복되는 문장으로 된 책이 좋다. 시각과 청각을 자극해 흥미를 불러일으키는 데 중점을 두면 된다. 아이들은 어른과 다르다. 어른들이 좋아하지 않는 동물에도 흥미를 느끼고, 어른들은 재미없다고 여기는 이야기에도 쉽게 빠져든다. 평소 아이의 호기심을 잘 살펴 아이가 관심을 보이는 소재의 그림책을 골라주면 책을 좋아하고 친해지는 데 도움이 된다. 최소의 양을 정해 꾸준히 지켜나갈 때 아이들은 "더, 더!"를 외치며 책을 더 좋아하게 되고 영어랑 노는 시간을 즐기게 된다. 부족한 듯 지나치지 않게 접근해야 그 흥미를 꾸준히 유지할 수 있다.

교육 측면에서 엄마의 욕심이 많으면 많을수록 3일을 넘기기가 힘들고 스트레스만 심해진다. 엄마에게 부담 없는 최소의 양이 꾸준함을 만들고, 시간이 지난 후 아이에게 가장 든든한 재산이 된다. 힘을 빼자. 엄마가 아이에게 무엇인가 전해야 한다는 강박관념에서 벗어나자. 나는 책만 읽기 지루한 날은 인터넷에 돌아다니는 영어 동화책 활동 자료를 찾아 프린트한 다음 7 위로 오려 코팅해주었다. 그러면 아이는 틀어놓은 영어 소리에 맞추어 책장을 넘겨가며 가지고 놀았다.

혹시라도 우리 아이는 0~3세 시기가 이미 지나 너무 늦어버렸다고 생각하는 엄마가 있을지도 모르겠다. 하지만 영어 공부에서 늦어버린 때라는 건 절대 없다고 강력하게 말해주고 싶다. 언제 시작하든 지금이 남아 있는 날들에서 가장 이른 날이다. 엄마표 영어에 뛰어들던 때, 나도 영어 왕초보였다. 학교에 다니면서, 그리고 학교를 졸업하고는 학원까지 다니면서 몇십 년간 배웠지만 사실상 영어 문맹에 가까웠다. 아이에게 영어 그림책을 읽어주면서 나도 영어 공부를 시작했다. 먼저 엄마부터, 오늘 처음 영어 공부를 시작하는 것처럼 다시 시작해보자. 이번엔 혼자가 아니라 아이와 함께다. 부족함을 있는 그대로 드러내고 노력할 때, 실력이 만들어지고 성장이라는 열매도 맛볼 수 있다.

0~3세의 1권 읽기

아이 손길 가는 곳마다 책을 두자

아이가 어릴 적에는 아이 손길이 닿는 곳마다 책을 놓아두었다. 주방에도, 장난감이 있는 곳에도, 목욕탕에도, 아이들이 잘 숨는 옷장 옆에도 숨바꼭질하듯 책을 두었다. 공부하는 책이 아닌 친구처럼 노는 책이 되도록 말이다.

큰아이가 16개월 됐을 때 아이가 책을 알긴 아는지 궁금해졌다. 그래서 이렇게 말해봤다.

"Bring me the 《The Very Hungry Caterpillar》, Tae-hui!"

아이는 곧장 책꽂이로 가서 여러 책 사이에서 그 책을 뽑아 왔다. 이어서 다른 책들도 제목을 말하니 정확하게 찾아서 가지고 왔다. 그 순간 아이가 한글, 영어 구분 없이 자연스럽게 언어로 받아들이고 있음을 알게 됐다.

아이들에게 책을 읽어줄 때는 마음껏 즐길 수 있도록 충분히 기다려주어야 한다. 아이들은 엄마가 찾아내지 못하는 부분까지 찾아내서 궁금해했다. 그래서 빨리 넘기라고 재촉하지 않고 구석구석 숨어 있는 이야기까지 즐길 수 있도록 여유를 줬다. 아이들은 책을 통해 마음껏 상상하고 즐거워했다. 더 빨리 더 많이 영어를 습득하게 하려는 엄마의 욕심을 버리는 순간, 아이는 영어책 읽기에 더 행복하게 빠져들 수 있다.

공부가 아닌 재미있는 경험으로 접하게 해주자

영어를 어린 나이에 시작할수록 흥미 있고 자연스럽게 접근해야 한다. 영어가 놀이로 느껴지면 특별한 거부감 없이 계속해서 배울 수 있기 때문이다. 또 영어도 언어이므로 생활 속에서 우리말처럼 자연스럽게 몸으로 배워야 한다.

나는 영어책을 한 달에 몇 권씩 정기적으로 주문했다. 아이가 관심을 보이는 주제의 책과 호기심을 자극할 만한 책을 선택해 구입한 후 읽어줬다. 물론 엄마인 내가 먼저 읽어보고 내용을 이해하는 것도 잊지 않았다. 아이에게 책을 읽어줄 때 좀더 자신감 있고 재미있게 접근하기 위해서였다. 책을 읽을 때는 온몸을 들썩거리며 이야기를 표현한다. 최대한 신나고 재미있게 읽어주면서 아이가 책의 재미에 흠뻑 빠질 수 있도록 에너지를 쏟았다. 엄마와 신나게 동화책으로 놀고 나면 아이는 책을 장난감으로 여겨 온종일 몇 번이고 반복해서 읽으며 가지고 놀았다.

이런 책을 골라주자

처음 영어 그림책을 고르던 때가 생각난다. 우리나라 그림책도 참 많지만 영어 그림책은 그보다 훨씬 더 많다. 어떤 것이 좋은 것인지, 무엇을 골라야 하는지. 드넓은 영어 그림책의 바다에 빠져 익사할 것만 같은 느낌이었다. 아이의 영어 교육과 관련하여 당시 나에게 도움을 줄 만한 친구는 인터넷밖에 없었다. 어쩌면 이 책을 쓰게 된 동기도 그때의 나와 같은 엄마들에게 경험을 나누어주고 싶어서일지도 모른다. 정보가 없는 상태에서 무엇인가를 시작하다 보면 수없이 망설이게 되고 실수도 많이 하게 된다는 걸 잘 알기 때문이다. 먼저 실수를 경험한 입장에서 나와 같은 실수는 피해 가라고 이야기해주고 싶었다.

너무나 많은 책 속에서 어느 것을 선택해야 내 아이가 좋아할지, 더 재미있고 흥미를 끌 수 있는 책들은 어떤 것인지 찾아내기가 쉽지 않았다. 대개는 인터넷에서 후기를 잘 살펴 구입했는데, 때로는 후기에서 높은 평가를 받은 책임에도 아이가 전혀 반응을 보이지 않기도 했다. 다른 아이들이 좋아하고 인기 있는 책을 구입하고도 별 반응을 보이지 않는 아이를 보면서 그다음부터는 단순히 후기보다는 책의 표지부터 그림과 줄거리를 살펴보았다. 그런 몇 번의 시행착오를 거치면서 좀더 정확하게 확인한 후 구입해 읽어줬을 때 아이의 반응이 더 적극적임을 알게 됐다. '역시 쉽게 되는 일은 없구나. 모든 것에는 시간과 정성이 들어가야 하는구나.' 하는 작은 깨달음을 얻었다.

0~3세 시기는 긴 문장을 전달하는 책보다는 사물을 인지하는 책으로 시작하는 것이 좋다. 한두 줄짜리 동화책을 선택해 읽어주면 집중력과 사고력을 키우는 데 도움이 된다. 나는 하루 1권은 꼭 읽어준다는 생각으로 책을 들고 딸랑이 같은 장난감으로 아이의 주의를 끌면서 말을 걸었다. 아이의 맑은 눈동자 속에 나의 얼굴이 비치고 편안한 표정으로 열심히 젖을 빨던 그 모습에 피곤한 줄도 몰랐다. 지금 생각해도 아이를 품에 안고 책을 읽어주던 그 시간이 가장 값진 추억이고 재산인 듯하다.

영어 그림책을 고를 때도 원칙이 있다. 아이가 어릴수록 글자 양은 적고, 그림은 다양하고 많은 책이 좋다. 페이지 분량이 적은 책을 선택하는 것도 도움이 된다. 아이 스스로 성취감을 맛보게 하는 것이 중요하기 때문이다. 조금이라도 부담이 가거나 학습을 강요한다는 느낌을 가지게 해서는 안 된다. 가장 중요한 것은 내용을 이해했는지 확인하거나 재촉하지 않는 것이다. 그런 행동은 영어를 싫어하게 만드는 지름길이라는 사실을 기억하자.

처음 책으로는 의성어, 의태어가 들어간 그림책이 적합하다. 단순한 단어와 리듬감 있는 글이 반복되는 책도 좋다. 책을 읽어줄 때는 리듬감을 살려서 실감 나게 읽어주고, 책과 함께 제공되는 오디오를 계속해서 들려주어 아이의 머릿속에 저절로 입력될 수 있도록 한다.

아이들에게 처음 읽어준 책은 에릭 칼의《Brown Bear, Brown Bear, What Do You See?》《Today Is Monday》《Have You Seen My Cat?》 등이다. 지금도 아이들은 이 책의 표지만 봐도 리듬을 흥얼거린다. 또한 옷 입기, 밥 먹기 등 생활 습관과 관련된 그림책《I Don't Want to Wash My Hands》《Don't Do That!》도 도움이 된다. 이런 책들을 읽으면 실제 생활에서 책 속의 문장을 말해줄 때마다 아이는 금방 알아채고 즐거워했다. 영어 동화책과 함께하는 시간은 영어 공부가 아닌 재미난 놀이였다.

아이의 성장에 따라서 책을 선택할 수도 있다. 18개월 미만의 아기에게는 입에 넣어 물고 빨며 놀아도 다치지 않도록 안전하게 만들어진 책이 좋다.

아이들은 친숙한 사물이나 동물들을 주제로 한 그림책들을 좋아한다.《Piggies》《Color Zoo》《School Bus》《Bears》 등 이 시기에는 한글책 1권을 구입하면 영어책도 1권 구입했다. 한글책을 읽어줄 때도 고양이를 cat, 강아지를 puppy, 토끼를 rabbit 등으로 영어로도 한 번 더 반복해서 읽었다. 아이가 말을 또박또박 하기 시작하자 영어로 말을 거는 날이 많아졌다. 이렇게 얘기하면 엄청난 것 같지만, 사실 간단한 영어 문장을 포스트잇에 적어 곳곳에 붙여놓고 상황에 맞게 한두 문장씩 표현했을 뿐이다.

아이가 조금 더 크면 잠자리에서 영어 그림책을 읽어주는 것이 좋다. 아이와 함께 누워서 읽기 좋은 책으로는 엄마의 사랑이 담

뿍 담긴 《Love You Forever》《Goodnight Moon》 등 자장가 성격을 띠는 책이 적당하다. 나는 태희에게 《Love You Forever》를 수십 번 읽어줬다. 아이의 성장 과정을 마치 영화처럼 풀어낸 감동적인 내용의 동화책이다. 이 책을 읽어줄 때마다 잔잔한 감동을 느꼈고 아이와 많은 이야기를 나누었다. 태희가 여섯 살 때, 세 살 난 동생에게 이 책을 또박또박 큰 소리로 읽어주던 모습이 생각나 가슴이 따뜻해진다. 나처럼 영어 동화를 읽고 아이와 수많은 얘기를 나누면서 서로 감동하고 사랑을 느낄 수 있는 시간을 많은 엄마가 경험하길 바란다.

책을 읽으면 감동도 감동이지만 아이의 어휘력과 표현력, 독해력 등 학습 능력도 향상된다. 특히 유아기에 읽는 그림책에는 예쁜 그림들이 그려져 있어서 정서가 따뜻해지고 상상력을 기르는 데 큰 효과가 있다. 영어 그림책을 아이에게 반복적으로 읽어주면 영어 실력을 포함하여 언어 능력이 크게 올라간다. 게다가 영미 문화에 대한 배경지식을 쌓는 데도 많은 도움이 된다.

 **읽은 책들**

	1, 2, 3 To the Zoo	글·그림 Eric Carle
	Blue Sea	글·그림 Robert Kalan

	Brown Bear, Brown Bear, What Do You See?	글·그림 Eric Carle
	Color Zoo	글·그림 Lois Ehlert
	Count!	글·그림 Denise Fleming
	Flying	글·그림 Donald Crews
	Freight Train	글·그림 Donald Crews
	Good Night, Gorilla	글·그림 Peggy Rathmann
	Have You Seen My Duckling	글·그림 Nancy Tafuri
	Hooray for Fish!	글·그림 Lucy Cousins
	Have You Seen My Cat?	글·그림 Eric Carle
	In My World	글·그림 Lois Ehlert
	I Like Books	글·그림 Anthony Browne

	Me! Me! ABC	글·그림 Harriet Ziefert
	Monkey and Me	글·그림 Emily Gravett
	No, David	글·그림 David Shannon
	Orange Pear Apple Bear	글·그림 Emily Gravett
	One to Ten and Back Again	글·그림 Sue Heap
	Piggies	글·그림 Audrey Wood
	Papa, Please Get the Moon for Me	글·그림 Eric Carle
	Rosie's Walk	글·그림 Pat Hutchins
	Rain	글·그림 Robert Kalan
	Silly Sally	글·그림 Audrey Wood
	Strawberries are Red	글·그림 Petr Horacek

	Spot Goes to the Park	글·그림 Eric Hill
	Sea Shapes	글·그림 Suse MacDonald
	School Bus	글·그림 Donald Crews
	The Very Hungry Caterpillar	글·그림 Eric Carle
	Today Is Monday	글·그림 Eric Carle
	Things I Like	글·그림 Anthony Browne
	Tomorrow's Alphabet	글·그림 George Shannon
	Tuesday	글·그림 David Wiesner
	The Accidental Zucchini	글·그림 Max Grover
	Whose Baby Am I?	글·그림 John Butler
	Where's Spot?	글·그림 Eric Hill

Where's the Fish?	글·그림 Gomi Taro
Diaper David 보드북 시리즈	글·그림 David Shannon
John Butler 그림책 시리즈	글·그림 John Butler

0~3세의 10분 듣기

책 읽어주기와 함께 쉽게 병행할 수 있는 교육 자료로 영어 CD가 있다. 영어책에 수록된 CD를 평상시 집에서 배경음악처럼 틀어놓고 흘려듣기로 활용하는 것이다. 지금은 DVD와 함께 유튜브도 많이 활용하는데, 내가 아이를 키우던 시기에는 비디오를 활용하거나 영어 동화책을 음원으로 듣는 경우가 대부분이었다. 영어 DVD를 보여주기 시작할 때 가장 많이 하는 실수가 있다. 영상물을 너무 일찍 보여주는 것과 아이가 영상물을 좋아한다 해서 오랜 시간 보여주는 것이다.

태희가 초등학교에 들어갈 때쯤 알게 된 한 지인은 심한 장애를 가진 자녀를 두고 있었다. 그 아이는 자녀 3명중 셋째였는데, 엄마가 피곤하고 힘들어 어렸을때부터 영상물을 보여주었다고 한다. 너무 어린 나이에 영어 비디오를 몇 시간씩 시청하는 모습을 보고 그저 집중력이 좋다고 생각해 많은 시간 영상물을 보여줬다는데,

이러한 과다 노출로 아이에게 자폐후유증이 나타났고, 초등학교에 진학한 후에도 꾸준히 치료를 받아야 했다.

3세 이전의 아이를 비디오나 TV 등 영상매체에 장시간 노출시키면 발달장애나 자폐를 앓게 될 수 있다. 아이들의 정서, 언어, 인지 발달은 24개월 이전에 가장 활발히 이루어지기 때문에 반드시 사람과, 특히 부모와 직접 접촉하고 상호작용해야 한다. 이에 대한 실험 결과나 연구 자료가 많이 보고되어 있다. 이런 점을 알지 못했기에 영어 비디오에 아이를 맡겨두었다며, 그 엄마는 자책감에 괴로워했다.

이렇듯 연령에 맞게 일정한 시간 동안 노출되는 것은 도움이 될 수 있으나, 너무 지나치면 독이 될 수 있다는 점을 꼭 기억해야 한다.

태희에게는 24개월 때를 시작으로 하루 1편의 짧은 비디오를 보여주었다. 엄마인 내가 옆에 앉아서 같이 보았는데, 지금은 이름도 생소한 〈빙뱅붐〉이라는 15분 정도 되는 영상물이었다.

이것을 보면서 태희는 알파벳을 인지하기 시작했고, 빠르게 스쳐 지나가는 어휘와 내용에 재미있어했다. 이 시기에 주의할 점이 있다면, 앞서도 말했듯이 장시간 DVD를 보게 하는 것이다. 이것은 굉장히 위험한 행동이다. 자칫 아이의 인지와 상황판단에 악영향을 끼칠 수 있으므로 너무 오랜 시간 보지 않도록 주의를 기울여야 한다.

DVD를 보기 적당한 시기는 24개월쯤부터다. 하루 10~20분 정도로 시작하는 것이 적당하다. DVD를 보면서 중간중간 엄마와 대화를 하면 더 좋다. 아이의 개월 수가 늘어남에 따라 Little Bear(리틀베어) 시리즈, Caillou(까이유) 시리즈, Maisy(메이지) 시리즈, Spot(스팟) 시리즈, Thomas & Friends(토마스와 친구들) 시리즈, Wee Sing(위씽) 시리즈 등을 하루 1편 정도 보여줬다. 보고 난 후에는 소리만 흘려듣기로 활용했다.

DVD 리스트

Barney & Friends(바니와 친구들) 시리즈

Caillou First Readers(까이유)

Caillou(까이유) 시리즈

Maisy(메이지) 시리즈

Kipper(키퍼) 시리즈

Thomas & Friends(토마스와 친구들) 시리즈

Wee Sing(위씽) 시리즈

Spot(스팟) 시리즈

Bob the Builder(뚝딱뚝딱 밥아저씨) 시리즈

Barney & Friends(바니와 친구들) 시리즈

Dora the Explorer(도라도라 영어나라) 시리즈

Usborne First Experiences(어스본 퍼스트 익스피리언스)

Usborne Farmyard Tales(어스본 팜야드 테일)

 Book and DVD(영어 동화책과 함께 보는 DVD)

The Very Hungry Caterpillar

Roise's Walk

Good Night, Gorilla

Chicka Chicka Boom Boom

Pete's a Pizza

In the Night Kitchen

Quick as a Cricket

0~3세의 10분 말하기

　아이를 키울 때는 엄마가 수다쟁이가 되어야 한다는 글을 읽은 적이 있다. 나로선 참 난감한 일이다. 나는 평소 할 말은 하는 성격이지만 수다쟁이와는 거리가 멀다. 그런데 수다쟁이가 되라니. 하지만 내가 하는 말 한마디 한마디를 내 아이가 듣고 있단다. 아이에게 말을 많이 걸어주고 대화를 많이 할수록 지능 발달에 도움이 된다는 글을 읽으니 나름 고민스러웠다. 하지만 나는 엄마다. 비록 말수가 없긴 하지만 아이에게 말을 최대한 많이 전할 방법은 없을까?

　임신을 하고 3개월까지는 마음과 몸을 최대한 편안하게 안정시키고 유지하는 데 신경을 썼다. 뱃속에 있는 아이에게 처음 말을 걸던 때가 생각난다. 얼마나 어색하던지. 누군가 나와 아이의 대화를 엿듣고 있는 듯해서 나도 모르게 주위를 두리번거렸다. 어색한 마음에 두서없이 일상을 하나하나 얘기하기 시작했다. 물론 사랑을 전하는 속삭임을 잊지 않았다.

"사랑아 잘 잤니? 엄마도 잘 잤어. 오늘은 날씨가 반짝반짝 기분 좋은데? 엄마가 기분 좋으니 우리 사랑이도 행복하지? 엄마랑 맛있는 아침 준비하자."

기분 탓인지 어느 날부터인가 소리를 통해 내 마음이 아이에게 전해지는 느낌이었다. 영어로 전할 수 있는 대화문을 완성해 매일 아침 아이에게 영어로 인사하기도 했다.

"Hi, honey. It's mommy."
안녕, 아가. 엄마야.

"Let's have a good day together."
오늘도 엄마랑 즐겁게 지내자.

"Sweetie, now I'm eating an apple for you. Isn't it good?"
아가야, 엄마가 지금 널 위해 사과를 먹고 있어. 맛있지?

"Honey, mommy's listening to music now. Can you hear it?"
아가야, 엄마는 지금 음악을 듣고 있단다. 너도 들리니?

"Sweetie, mommy is going to read you an interesting storybook. Listen carefully."
아가야, 엄마가 재미있는 그림책 읽어줄게. 잘 들어봐.

"Oh, you're moving."
어머, 우리 아기, 발차기하는구나.

"Mommy in a hurry to see you."

엄마는 네가 무척 보고 싶단다.

"Mommy's so happy to be expecting you."

엄마는 너를 갖게 돼서 너무 기뻐.

"I love you sweetheart."

사랑한다, 아가야.

아이가 태어나고부터는 영어로 말 걸기에 익숙해지기 위해 영어 그림책을 읽어주거나 영어 자장가나 동요를 불러줬다. 아이가 젖을 먹고 잠이 드는 사이사이 《More More More Said the Baby》 《Guess How Much I Love You》《Ten, Nine, Eight》《Papa, Please Get the Moon for Me》 등을 반복해서 읽어줬다. 잔잔한 영어 노래 《We Sing For Baby》《Wee Sing Nursery Rhymes and Lullabies》를 조그맣게 틀어놓기도 했다.

아이가 태어나면 온종일 잠을 자고, 엄마의 젖을 물고, 울음을 터트리고, 기저귀를 갈아달라고 보채는 일이 반복된다. 엄마에게 눈을 맞추고 생글거리며 웃음을 나눠주기까지는 한참 시간이 걸린다. 아직 말을 하지 못하는 아이지만 젖을 먹이는 동안 다정하게 말을 건네며 손바닥 크기의 책을 한 손에 펼쳐놓고 읽어줬다. 어느 정도 눈을 맞추고 옹알이를 시작할 때부터는 나의 말에 아이가 반응을 보이는 듯해서 더 신이 나 말을 더 많이 했다. 나란히 누워 책을 읽어주면 손과 발이 춤을 추듯 반응하고 입을 오물거리며 계속 옹얼거렸다. 곧 책을 입에 물고 빨며 놀게 됐다.

"Our little baby is cooing."
우리 아기 옹알이하는구나.
"You're moving your lips. You must have something to say."
입을 오물거리는 걸 보니 할 말이 있나 보네.
"What do you want to say?"
무슨 말이 하고 싶은 거니?
"Oh, yes. Is that so?"
오, 그래. 그렇구나?
"Oh, you're smiling!"
어머, 우리 아기 웃었네!
"Yes, you're right. I think so, too."
그래, 네 말이 맞아. 엄마도 그렇게 생각해.
"I love you. Do you love mommy, too?"
엄마는 너를 사랑한단다. 너도 엄마를 사랑한다고?

주거니 받거니 대화를 나누는 느낌이 좋아 아이가 깨어 있는 시간에는 책을 많이 읽어줬다. 《달님 안녕》《짝짝짝》《구두구두 걸어라》《손이 나왔네》 등은 한글 아래에 영어로 번역을 해가며 동시에 읽어주기도 했다.

이유식을 먹을 때는 "Today we have delicious apple juice.", 목욕을 할 때는 "Honey, it's bath time.", 화장실에 갈 때는 "Do you want to go to the bathroom?" 등 상황에 맞게 영어 문장으로 말을 걸었다. 처음엔 어색했지만 날이 갈수록 아이가 말을 따라 하기도 하고 간단한 단어를 영어로 표현하기도 하면서 매우 자연스러운 대화가 됐다. 나 역시 곁눈질로 보고 하는 영어가 아니라 자연스럽게 문장을 읊조리고 있었다. 반복의 힘이었다.

♥ 아이를 깨울 때

아침을 시작하는 말부터 다정하게 건네보자. 간단하고 쉬운 표현이라도 생활 속에서 즐겁게 영어로 말하는 분위기를 만드는 데 많은 도움이 된다.

"Good morning. Did you sleep well?"
안녕, 잘 잤니?

"It's morning. It's time to get up."
아침이야. 이제 일어나야지.

"Oh, I don't want to. I'm sleepy."
으응, 싫어요. 졸려요.

"Get up, or I'll tickle you. You sleepyhead."
안 일어나면 간질일 거야. 이 잠꾸러기야.

"The sun is up. Hurry and get up."

해님이 벌써 떴어요. 어서 일어나세요.

"You should say, 'Good morning, mommy.'"

'엄마, 안녕' 하고 인사해야지.

♥ 거울 앞에서

아이들은 거울 속 자신의 모습을 보고 무척 신기해한다. 거울 앞에서 재미있게 대화를 나눠보자.

"This is a mirror."

이건 거울이야.

"Who's in the mirror?"

거울 속에 누가 있을까?

"Hello? Is that Tae-hui?"

안녕, 태희니?

"And who's this? It's mommy."

이 사람이 누구지? 엄마야.

"This is Tae-hui, and this is mommy."

이건 태희고 이건 엄마네.

"Tae-hui, where's your mouth? Here it is."

태희 눈은 어디 있지? 여기 있네.

"Where's mommy's eye? Here it is."

엄마 눈은 어디 있지? 여기 있네.

♥ 함께 그림책 읽을 때

엄마와 아이가 함께 영어 그림책을 읽을 때 영어로 표현하며 대화를 만들어간다.

"It is story time, Let's read a picture(or a story) book."

책 읽는 시간이다.

"Look at all the books."

책을 살펴보자.

"Which book do you like today?"

오늘은 어떤 책을 읽을까?

"I'll take it from the book shelf."

책장에서 가져올게.

"Come here, dear. Sit down by me."

이리 오렴. 엄마 옆에 앉아.

"Well, turn the page carefully."

자, 책장을 넘기자.

"Come here. Sit down on my knees."

이리 오렴. 엄마 무릎에 앉아.

♥ 식사 시간

아이가 어릴 때는 많은 시간을 먹는 데 보낸다. 재미있는 챈트로 놀이 시간을 만들어도 좋다.

 CHANT! CHANT!

"I am eating, I am eating."
나는 먹고 있어요. 나는 먹고 있어요.

"Red strawberry. Red strawberry."
빨간 딸기. 빨간 딸기.

"Do you want some more?"
더 먹고 싶니?

"Do you want some more?"
더 먹고 싶니?

"Yes. I do."
네. 맞아요.

"Yum, Yum, Yum."
냠. 냠. 냠.

♥ 옷 입을 때

리듬에 맞춰 옷을 재미있게 입혀보자. "다리는 바지에 발은 양말에 손은 장갑에~" 식으로 신체의 명칭을 설명하며 챈트 리듬에 맞춰 옷을 입힌다.

📣 CHANT! CHANT!

"Where's your arm?"

너의 팔이 어디 있을까?

"Here it is."

여기 있네.

"Put on your shirt."

셔츠를 입자.

"Where's your leg?"

너의 다리는 어디 있니?

"Here it is."

여기 있네.

"Put on your pants."

바지를 입자.

"Where's your foot?"

너의 발은 어디 있니?

"Here it is."

여기 있네.

"Put on your sock."

양말을 신자.

"Where's your head?"

너의 머리는 어디 있니?

"Here it is."

여기 있네.

"Put on your hat."

모자를 쓰자.

"Where's your hand?"

너의 손은 어디 있니?

"Here it is."

여기 있네.

"Put on your glove."

장갑을 끼자.

0~3세 영어 공부, 이것만은 조심하자

　큰아이 태희와 세 살 터울로 둘째를 가졌다. 쉽게 피곤함을 느끼고 몸이 무거워진 나에 반해 태희의 활동량은 놀랍게 늘어났다. 태희는 지치지도 않고 책을 들고 와 읽어달라고 보챘다. 잠자리에서 책을 읽어주다 아이보다 먼저 잠이 드는 날이면 책을 계속 읽어달라고 칭얼거리기도 했다. 때로는 피곤함이 짜증이 되어 책을 탁 소리나게 덮어 한쪽으로 밀어 넣고 억지로 잠을 재우기도 했다. 이런 날들이 하루 이틀 계속되던 중 정신을 번쩍 차리게 하는 일이 생겼다. 마침 기분이 좋은 날이었는데 내가 책을 읽어주겠다고 하자 태희가 갑자기 내 눈치를 살피는 것이 아닌가. 생각해보니 언젠가부터 책을 가져오는 횟수가 현저하게 줄었다.

　책의 재미를 알고 책을 친구로 만들어주고 싶어서 그토록 공을 들였건만. 그동안의 모든 노력이 헛수고가 될지도 모른다는 생각이 들었다. 그리고 무엇보다 이 시기를 놓치면 책은 친구가 아니라 엄마의 짜증을 부르는 것으로 인식될 수도 있겠구나 싶어졌다. 겁이 덜컥 났다. 아이와 함께하는 동안 엄마는 무엇보다 마음도 몸도 건강해야 한다. 그 이후로 아이가 낮잠 자는 시간은 나에게도 무조건 휴식 시간이라고 생각했다. 잠깐씩 눈을 붙이기도 하고 무조건 쉬었다. 아이들은 아무리 어려도 엄마의 감정을 너무나 정확하게 읽어낸다. 엄마가 웃고 있으면 아이의 얼굴에도 미소가 보이고 엄마가 피곤해하면 아이의 얼굴에도 그늘이 진다. 아이와 함께할 때 엄마 자신의 건강이 무엇보다 중요하다는 것을 새삼 깨달았다.

0~3세는 글 대신 그림을 읽는 시기로 영어 문자를 처음 익히는 단계다. 한번은 책을 읽어주는 대로 잘 듣고 있던 태희가 책을 덮어 버렸다. 책 속의 그림이 자신을 무섭게 쳐다본다는 것이었다. 명작 그림책 중 《Snow White and the Seven Dwarfs(백설 공주와 일곱 난쟁이)》였는데, 동화책 속 여왕의 얼굴이 자신을 무섭게 쳐다보는 것처럼 느낀 것이다. 아이들은 참 신기하게 책을 읽는 동안 자신이 동화 속 주인공이 된 것처럼 몰입한다. 엄마의 목소리나 행동에 따라 집중력이 더욱 높아지기도 한다.

사실 그 책은 아이 연령에 비해 너무 이른 감이 있었다. 시기에 적절한 책을 선택해 아이에게 읽어주는 것도 좋은 정서를 갖는 데 무엇보다 필요하다. 한동안 그 책은 한쪽으로 밀려났고, 시간이 한참 지난 후에야 빛을 보게 됐다.

아이들은 어른과 다르다. 관심 분야도 다르고 재미있어하는 지점도 다르다. 그것에 대해 평가하지 말고, 어른의 관점을 강요하지도 말고, 있는 그대로 인정해주어야 한다. 또 너무 많은 것을 전달하려 하면 아이들은 부담감을 느껴 뒷걸음질을 치게 된다. 계속 강조했듯이 최소의 양을 정해 꾸준히 지켜나가는 것이 오래, 길게 가는 방법이다.

3장 3~6세

많은 것에 관심과 호기심을 보이는 시기

엄마의 피드백이 가능성을 키워준다

 이맘때 아이들은 눈에 보이는 많은 것에 관심과 궁금증을 표현한다. 호기심이 왕성한 만큼 모든 것을 궁금해하고 재잘재잘 시끄럽게 질문이 넘쳐난다. 반복되는 질문에 짜증이 나기도 하고 바쁜 일과 중에 뒤치다꺼리하느라 힘들게 느껴질 수도 있지만, 이때 엄마가 어떻게 대하느냐에 따라 아이의 가능성이 큰 영향을 받는다. 적극적인 아이로 키우고 싶다면 이 시기에 특히 현명한 엄마가 되어야 한다.

 태희는 말이 빠른 데다 자기 생각을 쉴 새 없이 얘기하는 아이였다. 아이들은 똑같은 사물을 보고도 어른이 상상하지 못하는 신기한 생각을 해낸다. 태희는 동화책을 꾸준히 읽어 다양한 어휘를 접한 경험도 한몫했다. 책에서 본 사물과 배경을 실제로 접했을 때 아이는 더욱 관심을 보이며 적극적으로 알고 싶어 했다. 특히 이 시기는 집 안에서 보고 읽고 들었던 것들을 바깥 활동과 연결 지어 확장해나가는 때이기도 하다.

  눈에 보이는 많은 것의 영어 이름을 궁금해하기도 했다. 아이가 궁금해하는 것은 최대한 알려줄 수 있도록 엄마가 미리 공부해둘 필요가 있다. 또한 남의 시선을 의식하지 않고 용감하게 영어로 대화하는 것도 중요하다. 집에서는 영어 대화가 풍성했는데 밖에 나가자 타인을 의식하고 멈칫거린다면, 아이들은 누구보다 빠르게 감지하고 혼란스러워한다. 나 역시도 그런 순간들이 많이 있었다. 부끄럽기도 하고 마음의 갈등이 생기거나 다른 사람이 의식되기도 했다. 그럴 때마다 '나는 엄마다!'라고 속으로 외쳤다. 그러면 어디서 나오는지 모르는 힘이 불끈 솟았다. 어쩌면 내 아이만큼은 엄마처럼 주저하지 않고 늘 당당하게 자라길 바라는 간절함에서 솟은 힘 아닐까.

"Look, Tae-hui. There's a fruit store over there."
태희야, 저기 과일가게가 보인다.

"There's a fire engine passing by."
저기 소방차가 지나가네.

"Take my hand. We have to be careful of cars."
엄마 손 잡고 걷자. 차 조심해야지.

"That's a traffic light. The light is red, so we have to stop."
저건 신호등이야. 빨간불이니까 멈춰 서야지.

"This is your friend, Jin-ju's house."
여기는 네 친구 진주네 집이야.

아이가 늘 접하는 동네 풍경이나 거리에서 만나는 다양한 사물을 하나하나 설명해주면서 영어로 표현해주면 함께하는 외출이 즐거워진다.

3~6세는 아이마다 표현하는 방식에 특징이 생기며, 좋아하고 싫어하는 것 또한 분명해진다. 책도 마찬가지다. 아이가 좋아하는 주제를 다룬 책을 먼저 찾아주는 것이 중요하다. 자동차, 동물, 숫자 등 무엇이든 상관없이 아이가 좋아하는 것에서 시작하자. 아이들은 좋아하는 책은 수십 번을 반복해서 읽고 또 읽는다. 다양한 책을 접하게 해주고 싶은 마음에 똑같은 책을 반복해서 읽는다고 핀잔하거나 못 보게 하는 일은 피해야 한다. 충분히 차고 넘치게 읽었을 때 그 호기심이 다른 쪽으로도 흘러가게 되어 있다. 흘려듣기도 마찬가지다. 아이들은 자기가 좋아하는 DVD는 수십 번을 보고 듣는다.

이 시기에는 성별로 좋아하는 책과 DVD가 달라진다. Little Bear(리틀베어) 시리즈, Caillou(까이유) 시리즈, Timothy Goes To School(티모시네 유치원) 시리즈, Max & Ruby(토끼네 집으로 오세요) 시리즈 등은 성별과 관계없이 모두 좋아한다. 태희는 5세가 되자 성향이 분명해져 공주 인형에 관심을 보였다. 줄곧 Barbie(바비) 시리즈의 DVD에 푹 빠져 지냈다. 둘째인 아들은 처음에는 큰아이에게 전적으로 영향을 받았다. 그런데 5세 정도가 되자 The Magic Key(매직 키) 시리즈, Arthur(아서) 시리즈, Clifford(클리포드) 시리즈 등을 좋아했다. 이렇게 성향이 확연히 나뉘니 각자 좋아하는 것을 들을 수 있도록 시간을 정해야 했다. 두 아이는 자기가 좋아하는 것을 골라 하루 1편씩 번갈아가며 보고 흘려듣기로 이용했다.

특히 이 시기에는 활동량이 늘어나므로 보고 들은 다양한 것을 마음껏 표현할 수 있는

아들은 The Magic Key에서 Kipper를 자신과 동일시할 만큼 좋아했다. 매직 키를 만들어달라고 한 적도 있고, 가지고 놀면서 혼자 마술을 부리기도 하고, 심지어 자신의 이름 대신 Kipper로 불러달라고 말하곤 했다.

공간을 마련해주는 것이 좋다. 나는 거실 한쪽 바닥에 4절짜리 두꺼운 도화지를 붙이고 색종이, 색연필을 놓아두었다. 그림을 그리든 글씨를 쓰든 그저 색칠놀이를 하든, 아이들이 생각이나 느낌을 언제든지 자유롭게 표현할 수 있도록 하기 위해서다. 한 면이 다 채워지면 뒤집어 다시 붙여주기를 반복했다. 아이들이 도화지 위에서 뭔가를 열심히 하는 순간에도 좋아하는 DVD나 영어 동화책의 CD를 배경음악으로 잔잔하게 깔아두었다.

아이들에게 충분히 놀 수 있는 환경을 만들어주되 그 안에서도 영어 환경을 접할 수 있도록 매 순간 신경을 써주자. 그러면 아이들은 단단한 토대 위에 튼튼한 집을 지어나갈 것이다.

3~6세의 1권 읽기

좋아하는 책 마음껏 읽어주기

아이들은 좋아하는 책을 읽고 흥미를 느끼면 자연스럽게 다른 책도 읽어달라고 한다. 책을 접하면서 자신이 좋아하는 분야가 무엇인지, 잘하는 분야는 무엇인지 알게 되기도 한다. 아이들은 친근한 주제의 책부터 시작해 서서히 다른 분야의 책으로 관심을 넓혀간다.

동화책을 읽히면서 조금은 재미있는 방법을 사용했다. 책을 한 번씩 읽고 나면 책 앞 귀퉁이에 한글책은 빨간 스티커, 영어책은 초록 스티커를 붙여준 것이다. 책을 읽을 때마다 스티커가 늘어나니 어린아이 눈에도 뿌듯한지 더 신나게 읽었다. 스티커를 붙일 때마다 당연히 엄마의 칭찬도 늘었다.

책에도 스티커를 붙여 기록을 남겼다.

유치원 대신 매일 도서관에 다니면서 다양한 책을 경험했다. 몇 시간 동안 책을 읽어주기도 하고 햇살이 좋은 날은 앞마당에서 많은 이야기를 주고받기도 했다. 도서관을 나설 때는 가방 가득 영어책과 한글책을 빌려와 밤에 잘 때마다 읽기도 했다. 독서하는 시간이 쌓이자 관심 분야가 생기고 좋아하는 작가가 생겨났고 생각의 폭 또한 더욱 넓어졌다.

다양한 책이 있지만 이 시기에 놓쳐서는 안 되는 것이 Picture Book(그림책)이다. 그림책이라 해서 어린아이만 읽을 수 있는 건 아니다. 나이나 독서 수준을 초월해 꾸준히 보여주고 읽어주면 정서 발달에 많은 도움이 된다. 또한 그림책은 흥미를 유도하는 재미있는 그림과 반복적인 어휘로 생활 속 언어를 풀어내며, 문장도 어렵지 않아 언어 습득에도 효과적이다.

아이가 한글을 깨쳤다면

태희는 여섯 살이 돼서야 한글을 완벽하게 깨쳤다. 다른 아이들에 비해 이른 편은 아니었지만 적당한 시기라고 생각한다. 아이는 내 무릎에 앉아 책 읽는 것을 좋아했다. 나 또한 아이와 함께하는 그 시간을 마음껏 누리고 싶었다. 글을 읽기 시작하자 스스로 책을 찾아내 몇 번이고 반복해서 읽어 외울 정도가 됐다.

읽기가 독립되면서 태희는 하루 중 많은 시간을 책을 읽으면서 보냈다. 도서관에서 자리를 잡고 앉으면 2~3시간을 꼼짝 않고 책에 빠져 있기도 했다. 집에 들어오면 책부터 손에 들었고 집중할 때는 옆에 사람이 있어도 모를 정도였다. 식당에서도 밥 먹기보다 책 보기가 먼저여서 주위 사람들의 시선을 받는 일도 종종 있었다. 엄마의 수고가 많이 덜어지는 시간이 다가오고 있었다. 이 시기에 맞추어 영어를 조금 더 끌어당겨 주고 싶다는 생각에 재미있는 책을 열심히 찾아주었다.

영어 동화책을 읽다 보면 뛰어난 영미 작가들의 상상력과 표현에 깜짝 놀랄 때가 많다. 이런 책을 읽으면 아이의 정서 발달에도 도움이 되고 영어를 익히는 데 단단한 토대가 된다. 자기 수준에 맞는 영어책을 체계적으로 읽는 방법은 우리나라 같은 비영어권에서 유학을 가지 않고도 영어를 마스터할 수 있는 유일한 길이다. 수백 권의 영어책을 읽는 것은 영어라는 언어의 넓이와 깊이를 폭넓게 체험하는 일이기 때문이다.

글을 깨쳐 독립적으로 책을 읽는 5~6세 정도가 되면 자신의 수준에 맞는 책도 스스로 선택할 수 있다. 이 시기에는 부모가 좋다고 생각하는 책을 일방적으로 강요하기보다 아이가 읽고 싶은 책을 직접 고르게 해준다. 자신이 직접 고른 책에 애착을 갖도록 배려하는 것이다.

영어는 쉽고 재미있게 시작하는 것이 가장 좋다. 어려운 책 1권을 몇 날 며칠 학습하듯 읽는 것보다 쉽고 재미있는 책을 반복해 읽는 게 결과적으로 훨씬 낫다. 아이가 어릴수록 스스로 흥미를 가질 수 있게 하여 영어에 재미를 붙여주어야 한다. 하지만 벌써 이때부터 과도한 학습 부담 때문에 영어를 포기하거나 거부하는 아이들이 생기기도 한다. 영어에 거부감을 갖게 된 아이들에게 다시 관심을 불러일으키기는 쉽지 않다. 그런 아이일수록 다시 처음으로 돌아가 가장 쉽고 가장 재미있게 시작할 수 있도록 도와주어야 한다. 무리한 수준의 학습으로 영어에 위축되어 있는 아이들에게는 작더라도 성공을 경험하게 해주는 것이 중요하다. 작은 성취를 거듭 쌓아 자신감을 키우는 데 우선 신경 써야 한다.

영어 잘하는 아이들은 영어 공부를 즐거워한다. 다시 말하면, 영어 잘하는 아이들에겐 영어가 만만하고 해볼 만하다는 자신감이 있다. 그리고 그 자신감 덕에 영어에 대한 좋은 경험과 기억이 많다. 이런 결과는 한순간에 만들어지지 않는다. 아이에게 영어에 대한 좋은 경험과 기억을 안겨주는 것, 그것이 바로 영어 잘하는 아이로 키우는 비결이다.

아이가 참여할 기회를 주기

아이에게 책을 골라줄 때는 함께 서점에 가거나 컴퓨터 앞에서 같이 검색했다. 영어 그림책을 꾸준히 읽어온 태희가 Oxford Reading Tree(옥스퍼드 리딩 트리) 시리즈를 발견했다. 태희와 비슷한 또래들의 이야기가 담겨 흥미를 끄는 책들이었다. 이 책이 집에 도착한 날부터 아이는 무섭게 빠져들었다. 수십 번을 반복해 읽었고, CD를 들으면서 소리까지 익혔다. 태희의 영어 읽기에 많은 도움을 준 고마운 책이다.

처음에는 1~3단계의 책을 구입했고, 모두 외울 정도가 되자 다음 시리즈를 주문했다. 당시만 해도 9단계가 마지막이었는데, 아이의 호기심은 끝이 없었다. 책을 수입하는 회사에 전화를 걸어 다음 시리즈는 언제 나오느냐고 물어보기까지 했다. 이렇게 독서에 빠져드는 시기에 아이의 영어 실력도 한 단계 껑충 뛰어오른다. 책 속 표현을 많이 익힌 태희는 말하기도 좀더 자연스러워졌고, 영어로 말하는 데 부담을 느끼지 않았다. 이처럼 꾸준하고 체계적인 읽기는 언어 임계량을 채워주며 높게만 보이는 영어의 벽을 뛰어넘을 수 있게 해준다.

한 엄마는 자녀의 영어 공부에 대해 이런 고민을 이야기했다. 영어 독해도 제법 하고 쓰기도 어느 정도 하는데 왜 간단한 회화가 자유자재로 안 되는지 모르겠다는 것이다. 영어유치원의 스토리텔링 수업을 통해 영어를 곧잘 쓰고 읽는다는 아이의 엄마였다. '영어를 잘하는데 영어를 못하는' 이 아이러니한 상황은 그 나이 또래에서 익혀야 할 부분을 접은 채 지식적인 레벨만 높아졌기 때문에 발생한 것이다. 지금 당장은 잘한다 소리를 듣는다 해도 머지않아 그 아이는 영어에 흥미를 잃게 될 수도 있다.

영어 독서만이 상황에 맞는 표현을 내 것으로 만드는 가장 유용한 방법이다. 이야기를 통해 듣고 읽을 때 아이들의 기억창고에 오래 남기 때문이다.

📕 읽은 책들

	Bear Hunt	글·그림 Anthony Browne
	Building a House	글·그림 Byron Barton
	Can You Keep a Secret?	글·그림 Pamela Allen
	Cookie's Week	글·그림 Cindy Ward
	Chimps Don't Wear Glasses	글·그림 Laura Numeroff
	Duck, Duck, Goose!	글·그림 Karen Beaumont
	Dinnertime	글·그림 Ann Weld
	Dear Zoo	글·그림 Rod Campbell
	Everyone Poops	글·그림 Taro Gomi
	Five Little Monkeys Jumping on the Bed	글·그림 Eileen Christelow
	Five Little Ducks	글·그림 Penny Ives

	Finding Jack	글·그림 Ann James
	Good-Night, Owl!	글·그림 Pat Hutchins
	Go Away, Big Green Monster!	글·그림 Ed Emberley
	Go Away Mr Wolf!	글·그림 Mathew Price
	Here are My Hands	글·그림 Bill Martin Jr.
	Hop Jump	글·그림 Ellen Stoll Walsh
	I Like Me!	글·그림 Nancy Carlson
	I Went Walking	글·그림 Sue Williams
	Let's Go Visiting	글·그림 Sue Williams
	Lunch	글·그림 Denise Fleming
	Mr McGee and the Perfect Nest	글·그림 Pamela Allen

My Dad	글·그림 Anthony Browne
My Mum	글·그림 Anthony Browne
Not Now, Bernard	글·그림 David McKee
One Gorilla	글·그림 Atsuko Morozumi
Parade	글·그림 Donald crews
Polar Bear, Polar Bear, What Do You Hear?	글·그림 Bill Martin Jr.
Quick as a Cricket	글·그림 Audrey Wood
Snail, Where are you?	글·그림 Tomi Ungerer
Suddenly!	글·그림 Colin McNaughton
There was an Old Lady who Swallowed a Fly	글·그림 Simms Taback
Walking Through the Jungle	글·그림 Debbie Harter

	Whose Mouse are You?	글·그림 Robert Kraus
	Where is the Green Sheep?	글·그림 Mem Fox
	When I was Five	글·그림 Arthur Howard
	We All Sing with the Same Voice	글·그림 J. Philip Miller
	Nick and Sue 시리즈	글·그림 Nick Sharratt
	Willy 시리즈	글·그림 Anthony Browne
	Kipper 시리즈(1~6단계)	글 Roderick Hunt, 그림 Alex Brychta

3~6세의 10분 듣기

　태희가 다섯 살이던 어느 날, 영어 CD가 배경음악처럼 돌아가고 있었다. CD를 바꾸기 위해 오디오를 멈춘 순간 그림을 그리던 태희가 나를 쳐다보았다.

　"엄마! 내가 듣고 있는데 왜 멈춰요?"

　그 말 한마디가 너무 신기했다. 영어 소리에 익숙해지기 위해 매일 아침 오디오 버튼을 눌러 흘려듣기를 시작한 지 3년 만에 보인 아이의 반응이었다. 나는 처음으로 "지금 나오는 소리를 책에서 찾을 수 있겠니?" 하고 물어보았다. 아이는 단번에 Oxford Reading Tree(옥스퍼드 리딩 트리) 시리즈 6단계 중 《A Fright in the Night》를 꺼내 와 페이지를 넘기며 정확히 단어를 짚었다. 가슴이 뛰었다. 내가 가끔 읽어주던 책이었다. 한 번 더 욕심을 내 "그럼 엄마한테 읽어줄 수 있어?" 하고 물었다. 아이는 주저하지 않고 자신감 있는 표정으로 손가락으로 짚어가며 문장을 읽어내려갔다.

"Biff and Chip went it stay with Gran."

"They went to stay for a week."

"Be good, called Mum."

"Don't worry, said Gran. I will."

이렇게 24페이지 1권의 책을 정확한 발음으로 읽어내려갔다. 아이를 재촉하거나 확인하지 않고 기다린 나에게 아이가 특별한 선물을 안겨준 것이다. 그날 나는 태희에게 할 수 있는 모든 칭찬을 쏟아부었다. 아이는 엄마의 칭찬에 자신감으로 무장된 듯 "엄마 더 읽어볼까?" 하고는 몇 권의 책을 더 가지고 와서 읽어내려갔다. "엄마 더 읽어볼까?" 이 말이 지금도 내 귓전을 맴돈다.

영어 환경을 만들어주고, 영어로 말을 건네고, 책을 읽고 난 후 CD를 통해 영어 소리를 꾸준히 들려주어도 아이로부터는 오랜 시간 아웃풋이 없었다. 이날 태희가 반응을 보이기 전까지 한 번도 확인하지 않아서 알 수가 없었던 것이지만, 기다리는 동안 불안한 마음이 들었던 것도 사실이다. 유치원에 보내 아이들과 어울리며 영어로 한마디씩 주고받는 수업을 받게 하는 게 현명했던 것인지, 나의 방법이 틀린 것은 아닌지 불안했다. 그럴 때마다 조금만 더 해보자며 스스로를 다독여왔다. 아이를 탓하기 전에 내가 게으름을 피우진 않았는지를 되돌아보았다. 그런 기다림 속에 이런 결과를 얻은 것이다.

내 아이를 믿고 엄마가 꾸준히 함께할 수 있다면, 시간은 걸릴지

언정 아이가 보여주는 시기는 꼭 온다는 믿음을 마음에 새겼다. 만약 불안한 마음에 내 아이 영어를 남에게 미뤘다면 지금쯤 영어 시험 점수를 가지고 아이를 채근하는 엄마가 되어 있을지도 모른다. 어떤 일이든 결과를 맛보기까지는 자신과의 싸움을 해내야 하는 것 같다.

　엄마표 영어를 선택했다면 엄마가 아이와 함께 성장해야 한다. 하지만 눈앞에 보이는 것을 쫓아가다 보면 쉽게 지치고 급한 마음에 아이를 재촉하게 된다. 아이 역시 재미와 흥미를 느끼지 못하고 마음에 상처를 입기도 한다. 최소한의 법칙으로 아이도 엄마도 매일 가볍게 성실히 시간을 보낸다면 언제나 마음의 부자가 될 수 있다. 이런 날들이 하루하루 쌓여 몇 년 후에는 확실히 성장한 모습으로 엄마와 아이가 마주하게 될 것이다.

 **DVD 리스트**

　　Angelina Ballerina(안젤리나 발레리나) TV 시리즈
　　Clifford(클리포드) 시리즈
　　Dora the Explorer(도라도라 영어나라) 시리즈
　　Franklin(꼬마 거북 프랭클린) 시리즈
　　Little Bear(리틀베어) 시리즈
　　Little Princess(리틀 프린세스) 시리즈

Mighty Machine(마이티 머신) 시리즈

Max & Ruby(토끼네 집으로 오세요) 시리즈

Richard Scarry(리처드 스캐리) 시리즈

Timothy Goes To School(티모시네 유치원) 시리즈

The Dog of Flanders(플란더스의 개) 시리즈

Kipper(키퍼) 시리즈

Barbie(바비) 시리즈

3~6세의 10분 말하기

　태희가 네 살 때 둘째가 태어났다. 두 아이를 키우는 것은 한 아이를 키우는 것과는 확실히 달랐다. 아들이지만 손이 많이 가지 않는 유순한 아이였는데도 두 아이를 키우다 보니 더 바빠지고 쉽게 피곤해졌다. 아들은 딸과는 많은 부분에서 다르다는 것을 경험을 통해 알게 됐다. 아들은 세 살이 넘어서자 행동반경부터 넓어졌다. 호기심이 왕성해서 몸으로 놀고 마음껏 표현하고 난 후에야 무언가에 집중할 수 있었다. 영어 동화책도 책을 읽기보다 음악 소리에 온몸을 흔들어대고 큰 소리로 불러야 익힐 수 있는 아이였다. 동화책을 읽을 때도 게임을 하듯이 정성을 들여야 목표로 한 1권을 채울 수 있었다. 아이들마다 타고난 성향을 인정하되 다양한 경험을 통해 좋은 방향으로 이끌어주어야 한다는 걸 배웠다.

　둘째가 태어나자 첫째는 동생과 뭔가를 함께 할 수 있다며 좋아했다. 책을 가져와서 손가락을 짚어가며 동생에게 글자를 한 자씩 읽어주기도 했다. 우리는 햇살이 좋은 오전이나 해 질 무렵이면 아파트 앞 놀이터에서 흙을 만지며 소꿉놀이를 하거나 공터를 거닐었다. 나는 손에 영어 표현을 적은 메모지 한 장을 늘 챙겼다. 오가는 길에 영어로 표현할 기회를 놓치지 않기 위해서였다. 어느새 아이는 내가 영어로 질문하면 영어 단어 혹은 짧은 문장을 이용해 대답할 수 있게 됐다. 그뿐 아니라 자신이 아는 표현들을 이용해 쉴 새 없이 떠들 수 있는 아이가 되어갔다.

♥ 산책하러 갈 때

"Let's go for a walk."

산책하러 가자.

"Shall we go around the neighborhood with brother?"

동생이랑 함께 동네 한 바퀴 돌고 올까?

"Tae-hui, how is the weather today?"

태희야, 오늘 날씨 어때?"

"It's nice today. The sky is blue."

오늘 날씨 좋아요. 하늘이 파래요.

"It's cold. I need a coat."

추워요. 외투가 필요해요.

"It's raining. I need an umbrella."

비 내려요. 우산이 필요해요.

하루는 볕이 좋은 날 꽃 이름을 영어로 가득 적어 밖으로 나갔다. 꽃을 찾아다니며 영어 이름을 불러주고 아이들이 다시 영어로 이름을 말하게 하는 게임을 했다.

"This flower is a rose. That flower is a dandelion."
이 꽃은 장미야. 저 꽃은 민들레야.
"This flower is a cherry blossom."
이 꽃은 벚꽃이야.
"This flower is yellow forsythia."
이 꽃은 노란 개나리꽃이야.
"This flower is lily."
이 꽃은 나리꽃이야.

이런 식으로 반복하다 보면 꽃의 이름도 문장을 만드는 법도 저절로 익히게 된다.

가지런히 줄 맞춰 심어진 배춧잎 사이로 작은 애벌레가 보이자 아이들이 가까이 다가가 들여다본다.

"Mom, there is a caterpillar."
엄마, 저기 애벌레 있어요.
"The very hungry caterpillar."

배고픈 애벌레네.

"Hello, caterpillar."

안녕 애벌레야."

"The caterpiller is eating the cabbage leave."

애벌레가 배춧잎을 먹고 있네."

아이의 활동량이 많아지는 4, 5, 6세에는 집 안팎으로 호기심을 분출하고 다닌다. 책도 좋지만 일정한 시간 동안 밖으로 나가 자연을 보고 느끼고 스스로 배워나가는 것도 행복한 일이다. 한가로이 거닐면서 날씨 이야기도 하고 꽃과 나무, 이름 없는 작은 풀들을 잘 살펴보자. 그러면서 여러 가지 영어 표현을 직접 보여주는 것도 이 시기에는 많은 도움이 된다.

하루 중 일정한 시간을 정해 아이와 밖으로 나가보자. 자연 속에서 산책하며 주고받는 대화를 영어로 표현하고 자연스럽게 익히도록 한다.

"Let's go for a walk."

산책하러 가자.

"Shall we go around the neighborhood?"

동네 한 바퀴 돌고 올까?

"It's warm today. The sky is blue, isn't it?"

오늘 날씨 따뜻하다. 하늘도 파랗고 그렇지?

"It's cold, Let's wear our coats."

날씨가 춥다. 우리 코트 입자.

"It's raining. Let's take our umbrella."

비가 내리네. 우산 챙겨가자.

"Look at the white clouds. The sun is really bright."

하얀 구름 좀 봐. 해가 아주 눈 부셔.

"Yesterday was cloudy. and it was cold."

어제는 날씨가 흐렸어. 그리고 추웠지.

"This tree is smaller than tree."

이 나무는 저 나무보다 더 작다.

"This flower is a rose. That flower is a tulip."

이 꽃은 장미고, 저 꽃은 튤립이야.

"This flower is pretty."

이 꽃 예쁘다.

"Should we go back home?"

이제 집으로 돌아갈까?

"Don't you feel good after our walk?"

산책하니까 기분이 좋지?

📣 CHANT! CHANT!

"It's summer."

여름이다.

"The sun is shining."

해님이 빛나네.

"The breeze is blowing."

산들바람이 불어.

"The leaves are fluttering."

나뭇잎이 흔들려.

"The brids are singing."

새들이 노래하네.

"It's hot."

더워.

"Whew, whew."

휴, 휴.

"It's winter."

겨울이다.

"The snow is falling."

눈이 내려.

"The wind is blowing."

바람이 부네.

"The leaves have fallen."

나뭇잎이 떨어졌네.

"The birds went south."

새들이 남쪽으로 갔나 봐.

"It's cold."

추워.

"Brrr. brrr."

부르르. 부들부들.

♥ 슈퍼에서

아이와 함께 슈퍼에 들러 여러 물건을 직접 만져보고 살펴보면서 영어로 대화를 나누어보자.

"Let's go to the supermarket."

슈퍼마켓 가자.

"We need some spinach, and mackerel."

우리에겐 시금치랑 고등어가 필요해.

"Spinach is a vegetable, so how about going to the vegetable section first?"

시금치는 채소니까 채소 코너로 먼저 갈까?

"This is an onion, and that is a squash."

이건 양파고 저건 호박이야.

"Then what's this?"

그럼 이건 뭘까?

"A mushroom."

버섯이요.

"Yes, it's a mushroom."

그래, 버섯이야.

♥ 대형마트에서

다양한 사람과 사물을 접할 수 있는 장소이므로 수많은 영어 단어를 생생하게 가르칠 좋은 기회가 된다.

"Are oranges fruits or vegetables?"

오렌지는 과일일까, 채소일까?

"They're fruits."

과일이에요.

"That's right. They're fruit."

맞았어. 과일이야.

"So let's go to the fruit section."

그럼 과일 코너로 가자.

"We'll have to get a carton of milk for Tae-hui and brother."

우리 태희랑 동생 먹을 우유도 사야겠다.

"Do you want those chips? Okay, put them in the cart."

그 과자가 먹고 싶어? 그럼 바구니에 넣어.

"Do you want to give the money to the cashier?"

네가 돈을 낼래?

"Get the change, and give it to mommy."

거스름돈을 받아서 엄마한테 줘.

"You did well. Thank you."

잘했어. 고마워.

"Now let's put everything in our shopping bag."

이제 장바구니에 넣자.

"We're all done. Let's go home."

다 됐다. 이제 집에 가자.

3~6세 영어 공부, 이것만은 조심하자

　일주일에 한 번씩 백화점 문화센터에서 영어 스토리텔링 수업이 있었다. 4~7세 아이들이 엄마와 함께 춤도 추고 노래도 부르면서 놀이하는 시간이다. 나는 아이들과 가벼운 마음으로 소풍 가듯 즐겁게 참석했다. 나도 일주일에 한 번 외출하는 날이었으니 아이들보다 더 들떠 매번 놀러 가는 기분이었다.

　이 공간에서도 엄마들의 과한 욕심이 피부로 느껴졌다. 공부라고 생각하는 엄마들은 아이를 지켜보는 눈빛이 달랐다. 자세가 조금이라도 흐트러지거나 집중하지 못하면 주위 신경 쓰지 않고 아이를 다그치고 핀잔을 줬다. 심지어 화가 난 엄마는 우는 아이를 끌고 나가기도 했다. 많은 사람 앞에서 핀잔을 받은 아이가 후에 영어를 즐겁게 받아들일 수 있을까 안타까운 마음이 들었다.

　놀이 수업이 늘 재미있었던 우리 아이들은 집에서도 똑같이 반복했다. 영어 소리를 듣고 따라 부르기도 하고, 동화책을 넘겨가며 읽거나 내가 만들어준 활동 자료를 가지고 놀기도 했다. 《Chick Chick Boom Boom》《Giant Turnip》《When I Was Five》《Snow》 같은 책은 수십 번을 넘겨보다가 책 모서리가 다 해어져 다시 구입해주기도 했다. 이렇게 흠뻑 빠져 있는 아이들을 보면서 무엇이든 시작은 쉽고 재미있어야 한다는 것을 다시 한 번 깨달았다.

 태희가 다섯 살 때 해외여행을 갈 기회가 있었다. 태희는 크루즈 여행길에서 만난 아일랜드 외국인 가이드에게 달려가더니 "Hello? My name is Tae-hui." 하며 호기심 가득한 눈빛으로 먼저 인사를 건넸다. 그 외국인도 웃으면서 꼬마 친구에게 인사했다. 이후 태희는 그 외국인 가이드만 보이면 달려가 손을 덥석 잡고 이야기를 나누며 웃고 떠들었다.

 태희가 하는 말이 문법에 맞지 않았겠지만 그래도 의미는 충분히 전달됐던 것 같다. 우리가 가끔 길에서 외국인이 길을 물어올 때 서툰 한국말을 해도 무슨 의미인지 알아듣는 것과 비슷하다. 외국인 가이드는 태희의 서툰 문장을 정확한 영어로 다시 짚어줬다. 그러면 태희는 그대로 받아 말하기를 반복했다. 낯선 외국인에게 친근하게 다가가 말을 건네는 태희가 기특했다. 엄마와 함께 읽고 듣고 했던 시간이 아이에게 자신감을 줬다고 생각하니 무척 뿌듯했다.

 좋은 추억을 안고 돌아온 지 얼마 되지 않아 작은 고민이 생겼다. 외국인과 너무나 친근하게 잘 지내던 태희를 생각하니 나보다 영어 실력이 뛰어난 사람에게 영어를 배워야 하지 않을까 싶었던 것이다. 아이의 영어 실력에도 욕심이 났고, 이 정도 되면 말하기에 집중해야 하지 않을까 조바심이 났다. 열 살이 될 때까지 성실하게 엄마표 영어를 진행하자는 목표가 잠깐 흐릿해지는 순간이었다.

결국 아이를 데리고 영어유치원의 문을 두드렸다. 레벨 테스트를 진행한 후 아이는 영유아 3년 차 반으로 들어갔다. 엄청난 원비에 놀랐지만 영어로 말하기에 적당한 시기라는 원장 선생님의 말에 혹했고, 한편으로는 영어유치원의 커리큘럼이 어떤지 궁금하기도 했다. 그렇게 며칠을 보냈는데 아이의 반응이 영 시큰둥했다. 친절할 것 같았던 영어 선생님은 모든 아이를 챙기느라 많은 시간을 함께 하지 못했고, 집으로 돌아올 땐 파닉스용 색칠 그림 한두 장이 활동 자료의 전부였다. 나 역시 영어유치원이라는 믿는 구석이 생겼으니 매일 집에서 아이와 함께했던 책 읽기며 듣기를 하루 이틀 미루며 게으름을 피우고 있었다.

아이는 선생님이 엄마처럼 얘기를 잘 들어주지 않아 재미없다고 했다. 아이와 많은 이야기를 나눈 후 이건 아니구나 하는 생각이 들었다. 결국 한 달을 끝으로 엄마표 영어로 다시 돌아왔다. 그제야 모든 것이 제자리로 돌아온 느낌이었다. 욕심을 버리고 힘을 조금 빼니 빛나는 아이가 보였다. 지금까지 엄마랑 재미있게 잘 지내오던 아이에게 괜한 욕심을 부렸나 싶어 미안해졌다.

나름대로 성실히 아이와 영어 공부를 해오던 나에게도 부러움의 대상이 있었다. 태희네 친구 가족이다. 지역에서 기업체를 운영하는, 알 만한 사람들은 다 아는 가족이었다. 또래 아이를 키우고 가깝게 지내다 보니 은연중 비교가 됐다. 그 가족은 개인적인 일로 미국에 몇 달 동안 있을 예정이라고 했다. 미국에 도착하면 한국인이 전혀 없는 미국 유치원에 보낼 계획이라며 한국으로 돌아올 때는 영어가 좀 되지 않겠느냐고 내심 기대까지 내비쳤다.

솔직히 부러웠다. 나는 영어 환경 만들어준다고 아침에 일어나면 제일 먼저 오디오 버튼부터 눌렀었다. 밤잠을 줄여가며 영어 동화책을 공부했고 아이들이 흥미롭게 들어주길 원해 동화 구연까지 배우러 다녔다. 한순간 기운이 빠졌다. 나는 열심히 뛰어가는데 그 친구는 비행기 타고 가는 느낌이랄까? 며칠 어깨가 처져 아이에게 책도 대충 읽어줬다. 그런데 아이는 나의 무성의함에도 아랑곳없이 열심히 들으며 영어를 따라 하는 게 아닌가! 그 순간 정신이 번쩍 들었다. 다른 사람과 비교하지 말고 나는 그저 내가 할 수 있는 일에 최선을 다하자. 내가 할 수 있는 건 그것뿐이다. 요 며칠 다른 사람 부러워하느라 내 할 일도 제대로 안 했다고 생각하니 부끄러웠다.

내 아이가 외국인처럼 완벽하게 영어를 구사하길 바라고 엄마표 영어를 시작한 게 아니다. 영어를 재미있게 받아들이고 평생 좋아하는 아이로 키우는 게 최고의 목표였다. 초심으로 돌아와 일상을 보낸 몇 개월 후, 미국에서 돌아온 그 친구를 다시 만나게 됐다. 네 살 난 아이는 심한 스트레스 탓에 낯선 사람을 피하는 모습을 보였다. 너무 놀라 이유를 물었더니 외국인 유치원에 다닌 이후로 사람을 극히 꺼리게 됐다고 한다.

그곳에는 한국인은 단 한 명도 없었는데, 영화 속에 나오는 노랑머리의 인형 같은 예쁜 선생님만 있는 곳이 아니라 덩치 큰 흑인 선생님부터 다양한 인종의 아이들이 있었다고 한다. 결국 말 통하는 사람 한 명도 없는 곳에 아이를 억지로 밀어 넣은 꼴이 돼버렸다며, 그 아이 엄마는 후회했다. 아침마다 가기 싫다고 울부짖는 아이를 교실로 억지로 밀어 넣었다고 하니, 아이는 낯선 곳에서 얼마나 공포에 떨었을까. 그 아이는 미국을 다녀온 후 굉장히 움츠러들었고, 주위 눈치를 보는 모습이 역력했다. 초등학생이 된 이후에도 영어에 대한 거부감이 심해 꽤 오랜 시간 영어를 멀리했다.

어린 시절의 영어 교육은 반드시 즐겁게 시작해야 한다. 어렸을 때부터 영어에 대한 스트레스를 안고 간다는 것은 참 슬픈 일이다. 영어를 알아간다는 것은 우리 아이들에게 풍요로운 미래를 만들어 주기 위한 과정 중 하나일 뿐이다. 그런데 행복한 미래를 꿈꾸기도 전에 엄마도 아이도 힘들고 지쳐버린다면 시작하지 않은 것만도 못하지 않을까.

우리 주위에는 영어 때문에 상처 입은 부모와 아이들이 너무나 많다. 영어 스트레스는 영어 못하는 엄마들만 느끼는 게 아니다. 어쩌면 이 나라 모든 부모가 겪는 스트레스라고 해도 과언이 아닐 것이다. 어차피 평생 해야 할 영어라면 즐겁게 하자. 아이가 어리면 어릴수록 시간적 여유가 있으니 아이도 엄마도 가볍게 소풍 가듯 신나게 준비를 시작하자.

4장 7~10세

어떻게 시작하느냐가
중요한 시기

마음이 급할수록 기본에 충실해야 한다

 엄마들이 자주 하는 질문이 있다. 영어를 시작하기에 언제가 가장 적당하냐는 것이다. 당연한 얘기지만, 영어를 시작하는 데 나이가 정해져 있는 것은 아니다. 누구는 태어날 때부터 영어 소리를 듣고 자라고, 어떤 아이는 초등학교 입학할 때 또는 초등 3학년 정규 수업이 시작될 때 처음 접하기도 한다. 영어는 일찍 시작해서 쉽고 편안하게 알아가는 것이 정답일 수 있으나 초등 입학 때나 그 이후에 시작해도 문제가 되진 않는다. 다만 아이의 학습 능력이나 한글 책 읽기의 수준 등에 따라 영어 실력은 달라질 수 있다.
 첫째와 세 살 터울인 아들은 첫째와 성별이 다른 만큼 자라면서 다른 성향을 보였다. 책 읽기에서도 그랬다. 다양한 책을 접한 누나와는 달리 아들은 자신이 좋아하는 책만 모서리가 닳도록 읽고 또 읽었다. 내가 읽어주는 책에는 그다지 흥미를 보이지 않아 고민이 되기도 했다. 집중을 하는가 싶으면 쪼르르 달려나가 장난감을 가

지고 놀거나 책을 읽기보다는 들고 던지고 장난치며 에너지를 쏟아 냈다.

나는 둘째라는 이유로 큰아이만큼 신경을 쓰지 않은 채 은근슬쩍 묻어가길 바랐다. 조금은 느리게 갔고 욕심도 별로 없었다. 내리사랑이라는 표현이 있듯 둘째는 무엇을 해도 예뻤다. 첫째에게 가졌던 목표를 생각하기보다는 잘 먹으니 감사하고 잘 노니 마냥 사랑스러웠다. 둘째는 누나에게 들려주는 영어 동화책을 뱃속에서부터 들으며 자랐으니, 누나로 인해 만들어진 환경 속에서 자란 아이라는 표현이 더 맞을 것 같다. 누나가 즐겨 보던 〈Matilda(마틸다)〉를 함께 보았고, 〈Charlie And The Chocolate Factory(찰리와 초콜릿 공장)〉을 보다 음악이 나오면 벌떡 일어나 춤을 췄다. 영어 소리를 자주 들었고, DVD 흘려듣기를 하루 1편 정도 꾸준히 해왔으며 동화책도 몇 권씩은 읽어왔다.

하지만 일곱 살이 되고 학교에 입학할 시기가 다가오자 은근히 누나와 비교가 됐다. 입학 전 누나의 영어 수준에 비할 수 없을 만큼 단계가 낮고, 책 읽기의 레벨과 이해력에서도 많은 차이가 났다. 영어를 줄줄 읽었던 태희와 달리 아들은 영어에 별 흥미를 보이지 않았다. 아무 생각 없이 DVD를 보며 즐거워했다. 내심 걱정이 됐다.

나는 아이보다는 나 자신을 돌아보았다. 둘째를 키울 때 아침에는 변함없이 아이들과 도서관에 갔지만, 오후부터는 영어 도서관을 운영하며 수업을 진행했다. 중·고등학생들을 지도할 때는 밤 12시까지 수업을 하기도 했다. 거기에 살림까지 하느라 바빠서 아이에게 소홀히 한 것일지도 모른다. 하지만 마음 한편으로는 믿는 구석이 있었다. 하루도 빠짐없이 몇 권씩 꾸준히 읽어온 동화책이 있고 흘려듣기가 있지 않은가. 엄마가 함께하지 못할 때는 오디오에서 흘러 나오는 영어 동화로 베드타임 스토리를 대신했다. 누나보다는 느리지만 그래도 꾸준함을 놓치지 않았다고 자신했다.

아들이 여덟 살 때 함께 수업하던 아이 하나가 영자신문을 또박또박 읽어내려갔다. 영어유치원 2년 차에 초등학교에 입학하고 우리 영어 도서관을 찾은 아이다. 그런데 잘 읽어내려가던 아이가 내용을 이해하고 말하는 부분에서는 고개를 갸우뚱거리고 멈칫거렸다. 일명 파닉스를 익혀 읽기만 가능했던 것이다. 그런데 나란히 앉아 있던 아들아이는 영어 읽기는 부족했지만 영어 소리를 듣자 내용을 줄줄 풀어 해석을 하는 것이 아닌가. 그 뒤에도 TV 화면으로 보던 영화를 영어 소리 듣기를 하면서 중간중간 어떤 부분인지 물어봤더니 상황을 정확히 설명해줬다. 어느새 귀가 트여 있었던 것이다.

수업을 진행하다 보면 다양한 아이를 만나게 된다. 그중 초등 3학년이 되어 학교 정규 과정에서 영어를 처음 접하는 아이들은 너무 늦은 것은 아닌지 불안해한다. 나는 그럴 필요 없다고 말해주곤 한다. 그렇다고 나에게 시기를 뛰어넘는 특별한 영어 공부법이 있는 건 아니다. 수준이 어떻든, 나에게 온 아이들은 누구나 듣기와 읽기부터 시작한다. 읽기가 어려운 아이는 당연히 듣기를 집중적으로, 많이 해야 한다. 책 읽기 또한 쉬운 책을 반복해 넘치도록 읽는 것이 순서다. 이런 단계를 무시하거나 건너뛸 순 없다. 너무 늦었다고 마음만 바빠 학원 수업의 문법책이나 코스북으로 곧장 뛰어든다면, 아이에게 영어는 언제까지나 어렵고 피하고 싶은 영역으로 남을 것이다. 모든 일이 그렇듯, 영어 실력 역시 나이를 떠나 기본을 지켜 나갈 때 쑥쑥 성장할 수 있다. 올바른 방법을 찾아 영어를 시작하고 꾸준함을 유지한다면, 어떤 아이라도 일정 시간이 지난 후 만족스러운 결과를 얻을 수 있다.

7~10세의 1권 읽기

아이들은 시간이 지나면서 지적 사고 능력이 놀라울 정도로 발전한다. 아이가 알파벳을 구별할 줄 알고 간단한 문장을 혼자 읽기 시작할 때 영어 독서의 양을 대폭 늘려주면 어휘력과 문장 구사력이 기하급수적으로 늘어난다. 날마다 영어책을 읽다 보면 반복적으로 만나는 무수한 어휘와 문장이 자기도 모르게 습득되기 때문이다. 영어 독서는 영어의 기본기를 다질 수 있는 최고의 공부 방법이다.

딸아이는 티아라클럽에서 특히 Princess Chloe, Princess Sarah, Princess Jessica를 좋아했다.

태희는 이 시기부터 자기가 좋아하는 분야의 색깔이 뚜렷해졌다. The Tiara Club(티아라 클럽)과 Rainbow magic(레인보우 매직) 시리즈를 읽을 때는 국내에 있는 책뿐만 아니라 외국 사이트까지 섭렵해서 모든 시리즈를 구입해 읽었다. 특히 로이스 로리(Lois Lowry)의 《Gooney Bird And the Room Mother》《Gooney Bird Greene》《Gooney the Fabulous》와 제프 키니(Jeff Kinney)의 DIARY of a Wimpy Kid(윔피 키드) 소설 시리즈는 몇 달 동안 반복해서 읽고 듣고 온종일 떠들어댔다.

이때부터 영어의 네 가지 영역인 듣기, 말하기, 읽기, 쓰기를 영어 독서 하나로 종합적으로 훈련할 수 있다. 듣기를 병행하는 영어 독서는 듣기와 말하기 감각도 길러준다. 이런 과정을 반복하면서 영어책을 통째로 읽다 보면 문장의 패턴을 터득하게 된다. 학교에서 배우는 영어도 문제없다. 꾸준히 영어 독서를 하다가 시험 기간이 되면 교과서 시험 범위를 여러 번 읽음으로써 해결할 수 있기 때문이다. 영어 동화책을 꾸준히 읽어온 아이는 어느새 교과서 수준을 훨씬 뛰어넘는 영어 실력을 갖추게 된다.

아무리 급해도 바늘허리에 실을 매어 쓸 수는 없다. 문법과 문장 구조를 따지기 전에 충분히 듣고 읽어야 한다. 책을 통해 이해하고, 기억하고, 상상해서 언어 능력을 키우는 것이다. 책을 읽다가 머리를 식힐 때 영어 DVD와 영화를 자막 없이 보여주면 된다.

세상의 모든 지식은 글로 되어 있다. 글을 읽고 이해하는 습관을 들여줘야 공부를 잘할 수 있다. 언어를 받아들이는 두뇌의 시냅스가 연결되어 영어 천재가 될 수 있다. 영어를 잘한다는 것은 영어책을 정확히 읽고 이해하면서 자신의 생각을 영어로 조리 있게 말하고 쓸 수 있는 것까지를 모두 포함한다. 영어책 읽기는 영어뿐 아니라 모든 공부를 잘할 수 있는 사고력, 이해력, 집중력 등 스스로 학습해나가는 능력을 길러준다. 영어책 읽기를 싫어한다고 해서 포기하지 말고 아이가 좋아하는 책을 시작으로 꾸준히 시도해보자.

읽은 책들

제목	글·그림
The Secret Birthday Message	Eric Carle
The Great Big Enormous Turnip	Alexei Tolstoy
Joseph Had a Little Overcoat	Simms Taback
Monkey Puzzle	Julia Donaldson
Gorilla	Anthony Browne
Farmer Duck	Helen Oxenbury
Mole Music	David McPhail
Love You Forever	Robert Munsch

The Napping House	글·그림 Audrey Wood
Owen	글·그림 Kevin Henkes
Owl Babies	글·그림 Martin Waddell
The Snowy Day	글·그림 Ezra Jack Keats
Caps for Sale	글·그림 Esphyr Slobodkina
The Mixed-Up Chameleon	글·그림 Eric Carle
Seven Blind Mice	글·그림 Ed Young
Guess How Much I love You	글·그림 Sam McBratney
The Man who Walked Between the Towers	글·그림 Mordicai Gerstein
One Fine Day	글·그림 Nonny Hogrogian
The Polar Express	글·그림 Chris Van Allsburg

	A Chair for My Mother	글·그림 Vera B. Williams
	The Magic Finger	글·그림 Roald Dahl, 그림 Quentin Blake
	The Mum-Minder	글·그림 Jacqueline Wilson
	The Twits	글·그림 Roald Dahl
	Fantastic Mr. Fox	글·그림 Roald Dahl
	Esio Trot	글·그림 Roald Dahl
	George's Marvelous medicine	글·그림 Roald Dahl
	Molly's Pilgrim	글·그림 Barbara Cohen
	Lizzie Zipmouth	글·그림 Jacqueline Wilson
	Mr McGee 시리즈	글·그림 Pamela Allen
	Titch 시리즈	글·그림 Pat Hutchins
	Five Little Monkeys 시리즈	글·그림 Eileen Christelow
	Fancy Nancy 시리즈	글·그림 Jane O'Connor
	Little Bear 시리즈	글·그림 Judith Koppens

Dr. Seuss 시리즈	글·그림 Dr. Seuss
Harry the Dirty Dog 시리즈	글·그림 Gene Zion
If You Give 시리즈	글·그림 Laura Numeroff
Winnie the Witch 시리즈	글·그림 Valerie Thomas
Charlie and Lola 시리즈	글·그림 Lauren Child
Little Critter 시리즈	
Froggy 시리즈	
Arthur Starter 시리즈	
Clifford 시리즈	
Arthur Adventure 시리즈	
Curious George 시리즈	
Black Lagoon 시리즈	
Lady Who Swallowed 시리즈	
Mr. Men & Little Miss 시리즈	
Robert Munsch 시리즈	
SpongeBob 시리즈	
Angelina Ballerina 시리즈	
Berenstain Bears 시리즈	
Mr. Putter & Tabby 시리즈	
Marvin Redpost 시리즈	
Nate the Great 시리즈	
Cam Jansen 시리즈	

Olivia Sharp 시리즈

Junie B. Jones 시리즈

Stink 시리즈

Arthur Chapter book 시리즈

Rockets 시리즈

Horrid Henry 시리즈

Chameleons 시리즈

Comix 시리즈

Usborne Young Reading 시리즈

Horrid Henry Early Reader 시리즈

Yuck 시리즈

Mr. Dunfilling 시리즈

Seriously Silly Rhymes 시리즈

Jack Files 챕터북

Katie Kazoo 챕터북

Secrets of Droon 챕터북

Wayside School 시리즈

Winnie the Witch 챕터북

Spongebob 챕터북

Stepping Stone 시리즈

Chamseekers 챕터북

Rainbow Magic 챕터북

Tiara Club 챕터북	
Magic Ballerina 챕터북	
Mercy Watson 시리즈	글·그림 Kate Dicamillo
Sleep-Overs	글·그림 Jacqueline Wilson

7~10세의 10분 듣기

태희는 책 읽기를 통해서 영어 문장을 어렵지 않게 익히고 상황에 맞게 표현하는 능력을 키웠다. 영어책도 한글책 수준과 비슷하게 읽었다. 어느 날부터는 영어로 제법 말할 뿐만 아니라 웬만한 영어책도 수월하게 읽고 이해하게 됐다. 일곱 살 후반부터 1권의 책을 소리와 정확하게 맞춰 읽는 연습을 시작했다. 일명 집중듣기를 시작한 것이다.

처음에는 Junie B. Jones(주니비존스) 시리즈의 챕터북으로 하루에 10분부터 시작했다. 내가 옆에 나란히 앉아 같이 읽어내려가기도 하고 혹시 놓치는 부분이 있으면 짚어주기도 했지만, 아이의 집중력은 늘 엄마를 뛰어넘었다. 아이는 흘러나오는 소리를 손가락 끝으로 한 글자씩 정확하게 짚어가며 눈으로 따라 읽었다. 10분으로 시작한 집중듣기는 매일 반복하자 20분, 30분으로 점차 늘었다.

집중듣기를 할 때는 잠깐만 다른 생각을 해도 손가락으로 짚어가던 글자를 놓치게 된다. 아이들이 하는 것이라고 쉽게 생각해서는 절대 안 된다는 얘기다. 그만큼 집중력이 필요하고 쉽지 않기에, 적응하는 동안 엄마가 옆에 앉아 꼼꼼히 살펴주고 자신감을 북돋아 주어야 한다. 태희도 집중듣기를 할 때는 싫은 내색을 하거나 따분하다는 기색을 비치기도 했다. 어떻게 하면 집중듣기를 슬기롭게 진행할 수 있을지 고민했다. 찬찬히 짚어보니 내가 아이의 실력보다 한 단계 레벨이 높은 책을 선택한 것이 실수라는 생각이 들었다. 그래서 아이에게 원하는 책을 선택하게 했다.

 자신이 관심을 갖고 있는 책을 선택하자 태희는 비로소 한 시리즈의 책을 몇 번씩 반복하면서 집중듣기를 해냈다. 그때부터 충분히 듣고 이해하고 다음 단계로 폭을 넓혀가는 것을 경험하면서, 아이들이 싫어하고 따분해하는 데에는 다 이유가 있다는 생각이 들었다. 이유를 알면 그 해답 또한 쉽게 찾을 수 있다. 내 아이를 잘 살펴보고 관심을 가지면 해결점을 찾을 수 있을 뿐 아니라 능률 또한 올릴 수 있다. 이후 아이는 앉은 자리에서 1시간이 넘도록 챕터북과 소설책을 집중해서 읽었다. 그 과정을 습관처럼 반복하는 날들이 쌓여갔다. 집중듣기가 끝나면 책의 줄거리를 이야기하듯 풀어냈다. 나는 신나게 공감하고 함께 들어주면서 칭찬을 아끼지 않기만 하면 됐다.

 일곱 살에 처음 10분으로 시작한 집중듣기는 초등 4학년 때 주디 블룸(Judy Blume)의 《The one in the Middle is the Green

Kangroo》《Freckle Juice》《Cool Zone with the Pain and the Great One》《Tales of a Fourth Grade Nothing》와 제프 키니의 《Diary of a Wimpy Kid: A Novel in Cartoons》《Diary of a Wimpy Kid: Rodrick》《Diary of a Wimpy Kid: The Last Straw》《Diary of a Wimpy Kid: Dog Days》《The Wimpy Kid Movie Diary》, 조앤 롤링(J.K. Rowling)의 Harry potter(해리 포터) 시리즈 등 다양한 소설책으로까지 이어졌다.

태희는 많은 영어책을 읽으면서 자기가 좋아하는 색깔을 찾아가는 것 같았다. 좋아하는 작가를 만나면 그 작가의 모든 책을 찾아 읽고, 일기장 가득 작가에게 느낀 점을 써 내려가기도 했다. 아직 어린데도 이 정도까지 할 수 있게 된 건 영어책을 꾸준히 읽어온 덕이라고 생각한다. 영어책을 장난감처럼 가지고 놀며 부담 없이 시작했던 지난 시간이 참 감사하다.

 **DVD 리스트**

Anne of Green Gables(빨강머리 앤) 시리즈
Atthur(아서) 시리즈
Eloise(엘로이즈) 시리즈
Smurfs(개구쟁이 스머프) 시리즈
Curious George(호기심 많은 조지) 시리즈

Garfield(가필드) 시리즈

Horrid Henry(호리드 헨리) 시리즈

Balto(발토) 시리즈

Pippi Longstocking(말괄량이 삐삐) 시리즈

Barbie(바비) 시리즈

Tinkerbell(팅커벨)

SpongeBob(스폰지밥) 시리즈

Wayside School(웨이사이드 스쿨) 시리즈

Pinocchio(피노키오)

Alvin And The Chipmunks(앨빈과 슈퍼밴드) 시리즈

Chicken Little(치킨 리틀)

Bee Movie(꿀벌 대소동)

Cloudy With A Chance Of Meatballs(하늘에서 음식이 내린다면)

Garfield(가필드) 시리즈

Kung Fu Panda(쿵푸팬더) 시리즈

Madagascar(마다가스카)

Shrek(슈렉) 시리즈

Car(카)

Bolt(볼트)

Up(업)

Finding Nemo(니모를 찾아서)

Monster House(몬스터 하우스)

Mulan(뮬란) 시리즈

The Polar Express(폴라 익스프레스)

The Ant Bully(앤트 불리)

Magic School Bus(신기한 스쿨버스) 시리즈

Peter Pan(피터팬)

Charlotte's Web(샬롯의 거미줄)

Ratatouille(라따뚜이)

Robots(로봇)

Pocahontas(포카혼타스) 시리즈

The Jungle Book(정글북) 시리즈

Iron Giant(아이언 자이언트)

Beauty and the Beast(미녀와 야수) 시리즈

Barnyard(신나는 동물농장)

Buzz Lightyear of Star Command(우주전사 버즈)

Toy Story(토이 스토리) 시리즈

Monster. Inc.(몬스터 주식회사)

James and the Giant Peach(제임스와 거대한 복숭아)

The Sound of Music(사운드 오브 뮤직)

Willy Wonka and the Chocolate Factory(초콜릿 천국) 시리즈

Ella Enchanted(엘라 인첸티드)

How to Train Your Dragon(드래곤 길들이기)

Matilda(마틸다)

Casper(꼬마 유령 캐스퍼)

Babe(꼬마돼지 베이브)

Home Alone(나홀로 집에) 시리즈

Happy Feet(해피 피트)

Honey, I Shrunk The Kids(애들이 줄었어요)

Dennis The Menace(개구쟁이 데니스)

Hotel For Dogs(강아지 호텔)

Nanny McPhee(낸시 맥피: 우리 유모는 마법사)

Richie Rich(리치 리치) 시리즈

Harry Potter(해리 포터) 시리즈

iCarly(아이칼리) 시리즈

Zack and Cody(잭과 코디의 우리 집은 스위트룸) 시리즈

7~10세의 10분 말하기

    태희가 초등학교 3학년 때 미국에서 크리스라는 이름의 여자아이가 전학을 왔다. 호기심 가득했던 태희는 크리스가 전학 온 첫날부터 직접 교실로 찾아가 인사하고 말을 걸었다. 학교에 같이 가고 싶어 30분씩 늦게 등교하는 그 친구와 똑같이 6개월을 지각했다. 크리스의 가족도 낯선 환경에 잘 적응할 수 있도록 도와준 태희를 고마워했다. 주말이면 약속을 정해 놀기도 했다. 아파트 앞 놀이터에서 같이 웃고 떠들고 손에 흙을 묻히며 시간을 보냈다.

    아이들은 신기하게도 언어가 다르고 자라온 문화가 달라도 쉽게 친구가 된다. 함께하는 시간 동안 서로 닮아가고 언어도 빠르게 이해하며 받아들인다. 그해 크리스마스에는 크리스네 집에 온 가족이 초대받아 가서 함께 쿠키도 만들고 트리에 장식을 하며 작은 파티를 열었다. 크리스는 태희에게 한국어를 배워 한 단어 한 문장씩 따라 말했다. 태희 역시 그 아이와 친하게 지낸 6개월 동안 영어 말하기가 한 단계 성장했다. 서로 소통이 되지 않을 때는 손짓 발짓을 해가며 마음을 읽었고, 6개월간 산으로 들로 뛰어다니는 동안 부쩍 친해져 더는 소통에 장애를 느끼지 않았다.

크리스가 미국으로 떠나던 날, 서로 부둥켜안고 눈물을 펑펑 쏟던 두 아이의 모습이 지금도 눈에 선하다. 그 후 태희는 크리스가 보고 싶으면 미국에 전화를 걸었다. 그때마다 대부분 부모님이 받았는데 태희는 쭈뼛거리거나 더듬는 일 없이 명랑하게 인사하고 크리스를 바꿔달라고 하곤 했다. 그러고는 둘이서 수다를 이어갔다.

나는 아이들이 영어 앞에 주춤거리거나 뒷걸음질 치지 않고 당당하길 원했다. 그것은 영어를 완벽하게 이해하고 말할 수 있어야 가능한 것이 아니다. 아이들 스스로가 느끼는 자신감에서 당당함이 나온다. 자신의 부족한 점까지 당당히 마주할 때 의미 있는 성장을 거듭할 수 있다.

아이들과 해외여행을 갔을 때 물건을 사거나 음식점에서 주문하는 간단한 대화조차도 아이에게는 큰 경험이 된다. 짧은 대화에도 아이들은 영어로 말을 건네고 상대방의 말을 알아듣는 과정에서 커다란 자부심을 느낀다. 이러한 경험이 쌓이면 영어에 대한 자신감이 커진다. 가정에서 시작되는 작은 경험이 영어 말하기에 대한 두려움과 어색함을 사라지게 한다. 실생활에서 사용하는 영어 대화가 말하기의 가장 큰 밑거름이 된다는 사실을 기억하자.

♥ 칭찬을 할 때

아이들에게 칭찬을 할 때는 행동에 대해 구체적으로 하는 게 좋다. 칭찬은 아이의 자신감을 키우는 요소이지만, 남발하는 것은 좋지 않다. 자만해지지 않을 한도 내에서 적절한 영양소가 될 정도로, 가능한 한 지적보다는 칭찬을 하자.

"Did you really make this? That's amazing."
이걸 정말 네가 했니? 놀라운데.

"You keep your promises; you do what mommy tells you; you're tops!"
약속도 잘 지키고, 엄마 말도 잘 듣고, 너 정말 최고다.

"You really did a good job. You're all grown up."
정말 잘했어. 이제 다 컸구나.

"Was this your idea? That's great."
네가 생각해낸 거니? 정말 굉장하다.

"You take good care of your little brother. You're such a good girl."
동생을 잘 보살피고. 기특하다.

"I'm so proud of you. That's my girl."
엄만 네가 자랑스럽다. 역시 내 딸이야.

"How could you think of something like that? You are great!"

그런 생각을 다 하다니 정말 대단하다.

♥ 자신감을 북돋아 줄 때

아이들은 자라면서 크든 작든 수없이 많은 도전과 실패를 만나게 된다. 예컨대 피아노 경연대회일 수도 있고 운동 경기일 수도 있다. 비록 좋은 결과를 내지 못했더라도 과정에서 최선을 다했다는 점이 소중하다는 점을 일깨워주고, 항상 곁에서 응원하는 엄마의 사랑을 느끼게 하자.

"I believe in you. You'll be able to do it."
엄마는 널 믿어. 잘할 수 있을 거야.

"Yes, that's how you do it. Good job."
그래, 그렇게 하는 거야. 잘했어.

"Don't be disappointed. You did your best, didn't you?"
실망하지 마. 넌 최선을 다했잖아.

"That's all right. Having worked hard is more important."
괜찮아. 열심히 노력하는 과정이 더 소중한 거야.

"You'll be able to do better next time."
다음엔 더 잘할 수 있을 거야.

"I'm very proud of you."
엄만 그런 네가 정말 자랑스럽다.

♥ 엄마 일을 거들도록 할 때

어릴 때부터 아이들에게 집안일을 나누어 맡기는 것도 책임감을 길러주는 좋은 방법이다. 아이에게 도움을 청하거나 적절한 보상과 칭찬을 해줌으로써 아이 스스로 성취감을 느낄 수 있게 한다.

"Would you help mommy, please?"
엄마 좀 도와줄래?

"I'm washing the dishes. Would you bring me the dishes, please?"
엄마가 설거지하는데 그릇 좀 갖다 줄래?

"Would you bring the newspaper to daddy, please?"
아빠께 신문 좀 갖다 드릴래?

"Would you turn off the bathroom light, please?"
욕실 불 좀 꺼주겠니?

"Would you please put away your things and books?"
너의 물건들과 책들을 정리해줄래?

"Thank you. You're really helping me a lot."
고마워. 네가 도와주니까 엄마가 훨씬 편하구나.

7~10세 영어 공부, 이것만은 조심하자

아이를 키울 때 엄마를 가장 힘들게 하는 것 중 하나는 선의로 가장한 주변의 충고다. 모든 엄마는 내 아이에게 좋은 것이라면 무엇이든 해주고 싶어 한다. 좋다는 곳이라면 달려가 보여주고 싶고, 몸에 이로운 것은 어떻게든 먹여주고 싶은 게 엄마 마음이다. 하지만 엄마표 영어를 선택했다면 시작하기 전에 꼭 짚고 넘어가야 할 몇 가지가 있다. 내 아이가 영어를 보다 편안하게 익힐 수 있는 바탕이 되기에 아주 중요하다.

첫째, 엄마의 확신이 있어야 한다

내 아이에 대한 확신과 꿈을 가지고 출발하라고 말하고 싶다. 아이를 키울 때 엄마를 괴롭히는 것을 들라면, 나는 '비교'를 가장 먼저 꼽겠다. 옆집 아이와 비교하고 친척과 비교하고, 사돈의 팔촌의 앞집 자식과도 비교한다. 비교는 작고 사소한 부분에 이르기까지 아이의 감정을 다치게 하는 것은 물론 엄마의 마음도 상하게 한다.

똑같이 시작해도 모든 아이가 같은 속도로 나아가지는 않는다. 아이마다 속도가 다르다는 얘기다. 나 또한 꾸준히 읽어주고 들려주는 와중에도 아이가 별 반응을 보이지 않자 이 방법이 맞는 건지 내 아이가 다른 아이들에 비해 많이 늦어지는 건 아닌지 수없이 불안해했다. 하지만 아이를 확인하거나 재촉하는 일만큼은 피했다. 그보다는 엄마인 내가 할 일을 게을리하진 않았는지 책 읽기를 소홀히 하지는 않았는지 스스로를 돌아보았다. 그럼으로써 불안감을 잠재울 수 있었다.

아이를 가진 엄마들은 어느새 허물없는 친구가 되기도 한다. 아이를 통해 만들어진 인연이기에 가능한 일이다. 관심사가 비슷하고 함께 이해하고 공감되는 부분이 있으므로 나이를 떠나 가까이 지낼 수 있다. 그렇게 친구가 되면 처음엔 비교 아닌 비교가 되기도 한다. 친구네 사정과 형편이 눈에 보이니 보지 않을 수도 없고, 가만히 있어도 귀에 들어오니 듣지 않을 수도 없다.

내가 태희에게 영어책을 읽어줄 때 아이의 친구는 직접 미국이라는 나라로 갔고, 다시 돌아와서도 집에서 외국인 보모가 늘 함께했다. 그 환경이 부럽지 않았다면 거짓말이다. 내가 아이에게 쏟는 열정의 온도에 그 환경만 주어진다면 정말 부러울 것이 없겠다고 속상해하기도 했다. 하지만 현실은 남의 집의 달콤한 떡이었을 뿐이다. 내 것이 아니란 이야기다. 나는 금세 떨쳐냈고, 내가 있는 자리에서 할 일을 했다. 그때 언제까지고 남의 것을 부러워하면서 해야 할 일을 외면했다면, 지금의 나와 아이들은 지금과는 다른 모습이 되어 있을 것이며 카멜레온 영어 도서관은 아예 존재하지도 않을 것이다.

아이들은 거짓말을 하지 않는다. 엄마의 확신과 믿음이 있다면 그리고 꾸준함이 유지된다면 믿는 만큼 자란 모습을 보여준다. 조금 천천히 가도 된다. 느리더라도 꾸준히 나아가기만 하면 된다. 엄마가 이리저리 기웃거리만 한다면, 결국 아프고 힘들어지는 것은 엄마가 아닌 아이다.

둘째, 엄마표 영어에 늦은 시기는 없다

영어 상담을 할 때면 아이가 영어를 시작하기에 너무 늦은 나이가 아니냐는 질문을 종종 받는다. 영어에 늦은 시기는 언제일까? 일곱 살이면 여덟 살보다는 이르고, 열 살이면 열한 살보다는 이르지 않은가. 항상 오늘이 가장 이른 날임을 기억하자. 늦었다는 조바심이 마음을 바쁘게 해서 아이를 닦달하게 한다. 급하게 먹으면 체한다. 급할수록 천천히 여유를 가져야 실수를 덜 한다. 늦었다는 불안감은 영어 공부를 하는 데 아무런 도움이 되지 않는다. 오늘이 시작하기에 가장 이른 날이다. 그리고 시작을 했다면, 아이의 눈높이에 맞게 가장 쉽고 재미있는 책을 선택해 읽고 듣게 하는 것이 가장 빠른 길이다.

셋째, 아이 영어의 90퍼센트는 엄마의 의지에 달렸다

나는 최소한의 양을 정해 꾸준함을 유지하고자 했지만, 이것도 제대로 지켜지지 않는 날들이 있었다. 게으름의 시간은 잘도 지나갔고, 나도 아이도 책에서 멀어져 있곤 했다. 그런데 생각해보면 아이들은 늘 배울 준비가 되어 있었다. 문제는 늘 게으름을 피우며 오늘 하루쯤은 괜찮겠지 하고 생각하는 나였다.

엄마와 함께하는 영어가 어려운 것은 영어학원 보내듯 남에게 맡겨놓고 팔짱 끼고 구경하는 것이 아니기 때문이다. 하지만 그렇다고 해서 온종일 영어책을 읽어주고 영어 소리를 들려주고 영어로만 말을 해야 하는 숨 막히는 환경을 만들지는 말자. 이런 환경에서는 아이도 엄마도 행복할 수 없고, 무엇보다 영어를 편안하게 받아들이고 좋아하게 될 수가 없다. 엄마와 아이가 오랜 시간 지속하기 위해서는 솜털처럼 가벼워야 한다. 최소한의 양을 정해 매일 꾸준히만 하면 매달 몇십만 원 하는 영어학원비, 유치원비를 버는 셈이 된다.

오늘 내 아이에게 읽어주는 동화책들이 쌓여 엄마에게 영어 소설책 읽어주는 아이를 만나게 된다. 일상에서 한마디씩 건네는 영어 문장이 쌓이면 외국인 앞에서도 활달하게 인사를 건네는 아이를 보게 된다. 엄마와 아이가 함께하는 영어에서는 꾸준함이 답이다.

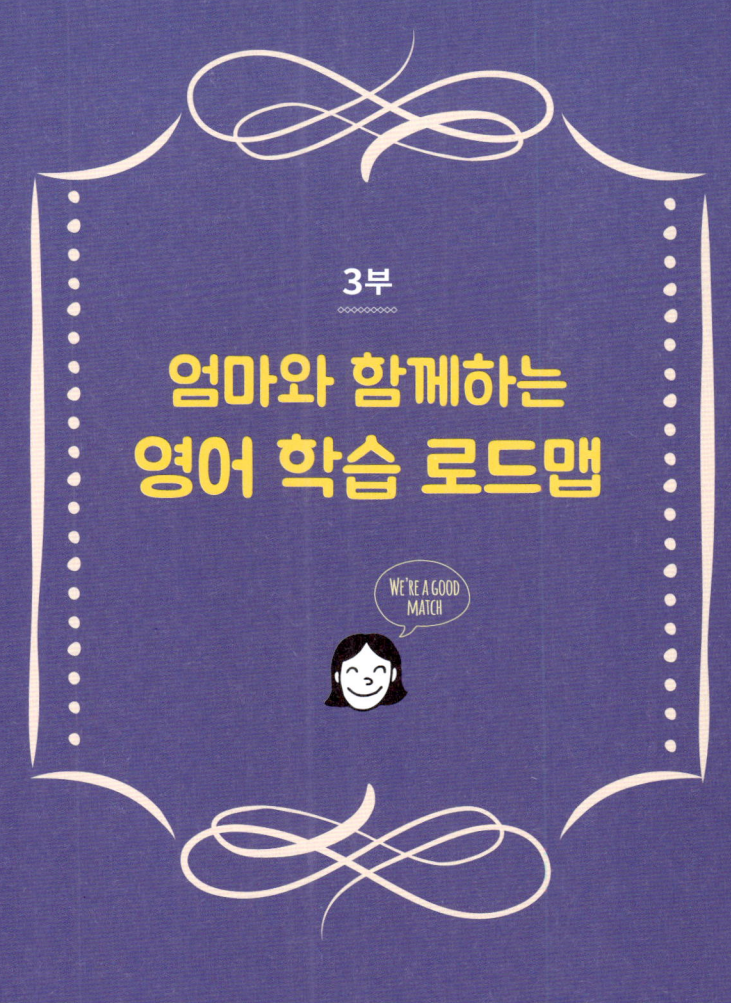

3부

엄마와 함께하는 영어 학습 로드맵

1장

영어책 선택하는 법

아이의 수준에 맞춰라

영어 동화책을 선택할 때는 아이 수준에 맞고, 아이가 원하는 책을 고르는 것이 가장 중요하다. 평소 아이가 호기심을 갖거나 좋아하는 주제의 책을 고르도록 한다. 대부분의 아이는 가족, 모험, 동물, 자동차 등의 이야기에 호기심을 보인다.

첫째, 그림책은 그림과 글이 일치하는 책을 고른다

영어 그림책은 꼭 영어를 알지 못하더라도 그림을 통해서 내용을 이해할 수 있어야 한다. 단어와 그림을 연결하여 뜻을 짐작할 수 있는 책이 좋다. 그림으로 익힌 단어는 아이들 머릿속에 오랫동안 기억된다. 책을 읽을 때 아이들이 그림도 꼼꼼히 읽을 수 있도록 엄마의 배려가 필요하다. 한 페이지를 읽고 나면 아이가 다음 페이지를 넘기기 전까지 충분히 기다려주자.

둘째, 그림이 제목과 딱 맞아떨어지는 책이 좋다

아이들의 시야는 부모와 달라 종종 부모가 미처 발견하지 못하는 부분까지 세밀하게 찾아낸다. 아주 작은 부분에 관심을 가지고 궁금해하는 일도 흔하다. 그러니 세심한 부분까지 정확하게 그려진 그림책을 선택해야 한다. 묘사가 정확하여 어떤 상황을 나타내는지 알 수 있는 책을 선택하자.

셋째, 부모와 아이가 모두 좋아할 수 있는 주제를 고른다

그림책을 고를 때는 무엇보다도 아이가 좋아하는 주제부터 접근한다. 자신이 좋아하는 동물이나 탈것 등이 그려진 책을 주면 자연히 관심을 가지고 집중해서 보고, 몇 번이고 다시 찾게 된다. 아이가 관심 분야에 충분히 만족할 때 호기심이 다른 영역으로 확장될 수 있다. 또한 부모가 좋아하는 그림책이어야 한다. 아이와 함께 편안하게 읽을 수 있는 책은 읽어줄 때 엄마의 마음이 그대로 전달된다. 아이에게 책을 읽어줄 때 손이 자주 가는 책이 있는가 하면 그렇지 않은 책이 있는 것도 이 때문이다.

넷째, 고르기가 어렵다면 추천도서나 유명한 상을 받은 책을 선택한다

'그림책의 노벨상'이라 불리는 칼데콧상을 받은 작품이 대표적이다. 칼데콧상은 뛰어난 그림을 그린 일러스트레이터에게 주는 상인데 그 상을 받은 작가의 작품이라면 아이의 관심을 끌기에 충분할 것이다. 그림과 글이 간결하고 아이들의 호기심을 자극할 만큼 예쁜 그림의 동화책이 많다. 한 번도 영어 그림책을 골라보지 않은 부모라면, 전문가들이 추천하는 도서 목록을 참고하자. 이런 책들을 접하면서 아이가 좋아하는 주제를 중심으로 선택 범위를 점차 넓혀가면 된다.

다섯째, 처음이라면 CD가 함께 있는 그림책을 활용한다

영어 그림책이 처음이라면 CD가 제공되는 책을 고른다. 원어민의 육성과 효과음까지 곁들여진 오디오는 아이의 관심을 끌 수 있다. 또한 책을 읽을 때나 흘려듣기를 할 때 활용할 수 있어 듣기 능력을 키우는 데도 효과적이다. 처음에는 단순한 문장이 반복되는, 짧은 이야기를 선택하는 것이 좋다.

아이들을 무릎에 앉히고 영어 동화책을 신나게 읽어주던 시간이 이제는 참 예쁜 추억이 됐다. 동화책의 아름다운 그림을 보면서 상상력을 동원해 얘기꽃을 피우고, 따뜻한 정서를 나눈 소중한 시간이었다. 영어 동화책 읽기는 영어를 쉽고 재미있게 배울 수 있는 가장 기본적인 방법이다. 영어 동화책을 많이 읽다 보면 영어의 문장 구조를 수월하게 익힐 수 있다. 책 속 문장을 통째로 노래처럼 따라 외운 아이는 영어의 어순을 자연스럽게 익히고, 반복되는 단어를 통해 뜻까지 쉽게 알게 된다. 문법적인 설명을 더 해주지 않아도 읽었던 감을 통해 옳은 문장과 그렇지 않은 문장을 구별해내기도 한다. 더불어 이해력, 상상력, 표현력도 커진다.

아이들이 좋아하는 주제와 작가 리스트

외국 여행을 해본 사람이라면 레스토랑에 들어가서 어떤 음식을 먹으면 좋을지 몰라 난감했던 경험이 한두 번은 있을 것이다. 그럴 때 가장 좋은 방법은 평상시 좋아하는 재료가 들어간 음식을 시키는 것이다. 대부분의 메뉴판에는 음식과 함께 재료가 설명되어 있다. 익숙한 재료라면 아무리 독특한 방법으로 요리했다 할지라도 맛에 대한 거부감이 덜할 수 있다. 영어를 처음 접할 때도 마찬가지다. 자신이 이미 경험했거나 좋아하는 것들을 활용하면 훨씬 친근하게 만날 수 있다.

둘째인 아들은 다섯 살 때 또래 아이들 대부분이 그러듯 차를 무척 좋아했다. 장난감 자동차 하나를 늘 손에 들고 다녔고 길거리에 세워진 자동차의 이름은 다 외울 정도였다. 누나와 도서관을 다닐 때도 제일 먼저 골라오는 책이 늘 자동차에 관한 책이었다. 자기가 좋아하는 자동차 책은 엄마가 읽어주지 않아도 한참을 집중하고 하나하나 살피듯 읽어나갔다. 도서관에는 쉬운 책부터 단계가 높은 책까지 자동차 관련 도서가 다양하게 비치되어 있는데, 어느 날은 두꺼운 자동차 백과사전을 펼쳐놓고 시간을 보내기도 했다. 나는 다양한 책을 폭넓게 읽히고 싶었지만 아이가 좋아하는 만큼 충분히 느낄 수 있도록 기다려줬다. 아이는 시간이 지나자 차츰 범위를 넓혀 교통수단 전체에 관심을 가졌다.

영어책을 접할 때도 비슷한 과정을 거쳤다. 탈것에 관심을 가지면서 자동차 관련 영어책을 다양하게 읽어나갔다. 도널드 크루즈(Donald Crews)의 《School Bus》《Truck》《Inside Freight Train》《Flying》, 폴 젤린스키(Paul O. Zelinsky)의 《The Wheels on the Bus》, 로저 프리디(Roger Priddy)의 《My Big Train Book》, 존 버닝햄(John Burningham)의 《Hey! Get Off Our Train》 등을 집중적으로 읽으며 영어 동화책에 빠져들었다.

둘째 아이는 자기가 좋아하는 것은 레벨이 낮은 것부터 높은 것까지 깊이 있게 섭렵했다. 자동차에 한번 빠지면 트럭부터 비행기, 기차 등 탈것에 대한 책을 시리즈로 읽고 백과사전까지 뒤적인 후 호기심이 충분히 풀렸을 때 시선을 다른 곳으로 옮겼다. 영어책을 접할 때 아이의 이런 관심 분야를 고려하지 않고 무조건 강요하면 영어 스트레스를 느끼게 할 수 있다.

아이들에게 책을 읽어줄 때 책 표지의 그림과 제목부터 꼼꼼히 살피는 것도 중요하다. 제목에는 책의 내용이 함축적으로 담겨 있어서 미리 유추하여 상상할 수 있게 한다. 제목에서 연상되는 것을 아이와 함께 이야기해보는 것도 책을 재미있게 읽는 방법 중 하나다. 제목과 함께 작가의 이름도 천천히 읽어준다.

"이 책을 쓴 사람은 앤 웰드라는 사람이야."
"도널드 크루즈는 자동차 그림책을 많이 썼네."

이렇게 작가의 이름을 자주 접하게 해주면 아이들은 어느 때부턴가 자신이 좋아하는 작가의 책을 찾아 읽게 된다.

태희도 1권의 동화책이 재미있으면, 그 작가의 도서를 검색해 계속해서 읽었다. 도서관에는 많은 번역서도 있는데, 함께 읽으면 영어책을 이해하는 데 도움이 된다. 작가의 특성과 태어난 나라의 문화적 배경까지 알 수 있으므로 책을 더 깊이 이해할 수 있다. 특히 Magic Tree House(매직 트리 하우스) 시리즈는 미국 교사들이 선정한 필독도서로 세계의 역사, 풍속, 지리를 탐험하는 신비로운 모험 이야기다. 그만큼 풍부한 배경지식을 갖추게 해준다.

태희는 특히 재클린 윌슨(Jacqueline Wilson)과 로알드 달(Roald Dahl)의 책을 열광적으로 좋아했다. 재클린 윌슨의 책은 여자아이들에게 인기가 많다. 《Sleepovers》《The Cat Mummy》《The Worry Website》《Lizzie Zipmouth》 등을 재미있게 읽더니 더 많은 책을 찾아 도서관을 구석구석 누볐다. 로알드 달의 책은 영화로도 많이 만들어졌는데, 그중 《마틸다》와 《찰리와 초콜릿 공장》이 특히 유명하다. 우리 아이들은 책과 영화를 수십 번 반복해서 볼 정도였다.

  이처럼 아이들이 좋아하는 책을 한글책과 영어책 그리고 영화까지 연결하면 확장된 책 읽기를 할 수 있다. 재미있게 읽은 책 1권으로 특별한 작가를 만나면, 아이들은 그들의 세상으로 신나게 모험을 떠난다.

아이들이 좋아하는 주제별 책과 활용 자료

  책 속에는 아이들과 비슷한 생활을 하고 비슷한 행동을 하며, 비슷한 감정을 느끼는 친구가 있다. 그래서 아직 영어를 모를지라도 그림을 보며 이야기를 즐길 수 있다. 아이들이 호기심을 가지고 관심을 갖는 분야에서 책을 찾아주면 좀더 쉽고 친근하게 책과 친해진다. 다음은 주제별로 아이들에게 인기 있는 도서 목록이다. 같은 주제로 둘러볼 수 있는 인터넷 사이트도 함께 소개한다.

♠ Transportation(교통수단)

제목	글·그림
Freight Train	글·그림 Donald Crews
School Bus	글·그림 Donald Crews

	Bus Stops	글·그림 Taro Gomi
	Flying	글·그림 Donald Crews
	Truck	글·그림 Donald Crews
	Down by the Station	글·그림 Jess Stockham
	We All Go Travelling By	글·그림 Sheena Roberts
	Bear on a Bike	글·그림 Stella Blackstone

- http://www.harcourtschool.com/activity/safety/safety.htm 아이들이 길을 안전하게 걸어갈 수 있도록 안전 수칙을 알려준다.

- http://www.harcourtschool.com/activity/bikesafe/bikesafe208.htm 자전거에 대한 안전 수칙을 알려준다.

♣ Zoo & Farm(동물원과 농장)

	Bear Goes to Town	글·그림 Anthony Browne
	Gorilla	글·그림 Anthony Browne

	Good Night, Gorilla	글·그림 Peggy Rathmann
	Rosie's Walk	글·그림 Pat Hutchins
	Old MacDonald Had a Farm	글·그림 Pam Adams
	Dear Zoo	글·그림 Rod Campbell
	Color Zoo	글·그림 Lois Ehlert

- http://www.georgetown.edu/cball/animals/animals.html 다른 나라 사람들은 동물들의 울음소리를 어떻게 표현할까? 동물들의 울음소리를 직접 들어보고 글로 표현된 소리도 살펴볼 수 있다.

↟ Insect(곤충)

	Bugs! Bugs! Bugs!	글·그림 Bob Barner
	The Very Busy Spider	글·그림 Eric Carle
	The Very Hungry Caterpillar	글·그림 Eric Carle

	The Grouchy Ladybug	글·그림 Eric Carle
	Spiders	글·그림 Gail Gibbons
	Quick as a Cricket	글 Audrey Wood, 그림 Don Wood

- http://www.bugbios.com 곤충 나라로 여행을 떠나보자. 여러 종류의 곤충 사진과 자세한 설명이 있어 유익하다.

♠ Counting books(숫자)

	1 Hunter	글·그림 Pat Hutchins
	1, 2, 3 To the Zoo	글·그림 Eric Carle
	Five Little Monkeys Jumping on the Bed	글·그림 Eileen Christelow
	Inch by Inch	글·그림 Leo Lionni
	Fraction Action	글·그림 Loreen Leedy
	The Edible Pyramid: Good Eating Day	글·그림 Loreen Leedy

	Mission: Addition	글·그림 Loreen Leedy
	Piggies	글 Audrey wood, 그림 Don Wood
	Ten, Nine, Eight	글·그림 Molly Bang

- http://www.aplusmath.com 수학 학습 사이트로서 게임 형식으로 구성되어 있다. 숙제 도우미(homework helper) 코너에서 덧셈, 뺄셈, 곱셈, 나눗셈 중 원하는 것을 선택하여 문제를 풀고 결과를 확인할 수 있다.

♣ Fish(물고기)

	Blue Sea	글 Robert Kalan, 그림 Donald Crews
	Swimmy	글·그림 Leo Lionni
	Fish is Fish	글·그림 Leo Lionni
	The Rainbow	글·그림 Marcus Pfister

- http://www.coralrealm.com 섬 주변의 산호초에는 화려한 색깔을 가진 다양한 물고기들이 살고 있다. 인터넷의 바다로 물고기 여행을 떠나보자.

▲ Season & Snow(계절과 눈)

Snow	글·그림 Uri Shulevitz
Owl Moon	글·그림 Jane Yolen
The Snowman	글·그림 Raymond Briggs
Father Christmas	글·그림 Raymond Briggs
The Happy Day	글 Ruth Krauss, 그림 Marc Simont
Spring Is Here	글·그림 Taro Gomi
Caps, Hats, Socks, and Mittens	글 Louise Borden, 그림 Lillian Hoban

- http://www.explorescience.com/activites/Activity_page.cfm?ActivityID=14 마우스를 이용해 직접 눈을 그려볼 수 있다.

🌲 Shape & Color(모양과 색깔)

	What Am I?	글 N.N. Charles, 그림 Leo & Diane Dillon
	Brown Rabbit's Shape Book	글·그림 Alan Baker
	Sea Shapes	글·그림 Suse MacDonald
	My Little Red Toolbox	글·그림 Stephen T. Johnson
	Draw Me a Star	글·그림 Eric Carle
	Little Blue and Little Yellow	글·그림 Leo Lionni

- http://www.storyplace.org/preschool/preschool.asp?themeID=9
  모양에 대한 이야기를 들을 수 있는 흥미로운 사이트다. 숨은그림찾기, 모빌 만들기 등을 할 수 있다.

🌲 Food(음식)

	Pete's a Pizza	글·그림 William Steig
	Eating the Alphabet	글·그림 Lois Elhert

	Bread Bread Bread	글 Ann Morris, 사진 Ken Heyman
	Lunch	글·그림 Denise Fleming
	Today Is Monday	글·그림 Eric Carle
	If You Give Mouse a Cookie	글 Laura Joffe Numeroff, 그림 Felicia Bond

- http://www2.lhric.org/pocantico/nutrition/nutrition.html
  음식에 관한 모든 것이 들어 있다. 음식의 칼로리와 영양소에 관해 살펴볼 수 있고 과일과 야채 그림 색칠하기, 퍼즐 게임 등을 하며 즐겁게 놀 수 있다.

♠ Body(몸)

	Dr. Dog	글·그림 Babette Cole
	My Five Senses	글·그림 Aliki
	The Magic School Bus: Inside the Human Body	글 Joanna Cole, 그림 Bruce Degen
	Germs Make Me Sick!	글 Melvin Berger, 그림 Marylin Hafner

- http://www.kidshealth.org/kid/body/mybody_SW.html 몸에 관한 모든 것을 알 수 있는 사이트. 심장의 박동 소리, 위에서 나는 소리 등 우리 몸의 각 기관에서 나는 소리를 들으며 인체 내부를 여행할 수 있다.

♣ Rhythm(운율)

	도서	저자
	Jamberry	글·그림 Bruce Degen
	Duck in the Truck	글·그림 Jez Alborough
	The Chick and the Duckling	글 Mirra Ginsburg, 그림 Jose Aruego, Ariane Dewey
	Good-Night, Owl!	글·그림 Pat Hutchins
	We're Going on a Bear Hunt	글 Michael Rosen, 그림 Helen Oxenbury
	There Was an Old Lady Who Swallowed a Fly	글·그림 Simms Taback

♠ Bedtime Stories(잠자리에서 읽으면 좋은 책)

	Goodnight Moon	글 Margaret Wise Brown, 그림 Clement Hurd
	Good Night, Gorilla	글·그림 Peggy Rathmann
	Time for Bed	글·그림 Mem Fox
	Owl Babies	글 Martin Waddell, 그림 Patrick Benson
	Swim the Silver Sea, Joshie Otter	글 Nancy White Carlstrom, 그림 Ken Kuroi
	Tell Me Something Happy Before I Go to Sleep	글 Joyce Dunbar, 그림 Debi Gliori
	Peace at Last	글·그림 Jill Murphy
	Have You Seen My Duckling?	글·그림 Nancy Tafuri
	The Baby Who Wouldn't Go to Bed	글·그림 Helen Cooper

듣기, 쓰기, 말하기를 모두 잡는 단계별 로드맵

내 아이를 위한 영어 학습 로드맵

- **1단계: 흘려듣기**

영화나 영어책, 오디오 CD를 즐겁게 듣고 보면서 영어 듣기 능력을 향상시킨다.

⇓

- **2단계: 집중듣기**

영어책을 원어민의 발음으로 정확히 들으면서 한 줄 한 줄 함께 읽어나간다.

⇓

- **3단계: 영어책 읽기**

수준별 다양한 영어책을 선택해 영어 독서를 즐거움을 더한다.

⇓

- **4단계: 영어사전 활용**

영어 단어를 그림과 영어로 풀이하고 이해하는 과정에서 영어적 사고 능력을 키우고 더욱 확장된 어휘를 경험한다.
⇓

● **5단계: 영작 훈련**

영어책을 통해 익힌 문장을 직접 만들어보면서 실력을 키워나간다.
⇓

● **6단계: 말하기**

'오늘의 한마디'를 비롯해 생활 속 영어 표현을 꾸준히 활용하고 익힌다.

1단계: 흘려듣기

모든 언어는 듣기부터 시작해야 한다. 아이가 태어나 말을 하기까지를 보면 수없이 듣는 과정으로 이루어져 있다. 이 과정을 건너뛰면, 아무리 많은 책을 읽고 어휘를 익힌다고 해도 영어가 능숙해지지 않는다. 내 아이의 듣기 실력을 한껏 높여주겠다는 생각으로 생활 속에서 하나씩 작은 실천을 해나가자.

듣기에는 'listening(리스닝)'과 'hearing(히어링)'이 있다. 둘의 차이는 무엇일까? 히어링은 내 의지와 상관없이 들리는 창밖의 차 지나가는 소리, 공사장 소리, 그냥 배경음으로 켜둔 TV 소리 등을 말한다. 그리고 리스닝은 의지를 가지고 듣는 라디오나 음악, 선생님의 말씀, 엄마의 말씀 등을 말한다. 영어 공부를 할 때는 리스닝을 해야 할까, 히어링을 해야 할까? 정답은 둘 다 해야 한다는 것이다. 리스닝은 엄마가 아이에게 책을 읽어줄 때 의식적으로 집중하는 과정에 속하고, 히어링은 이후 반복해서 읽거나 흘려듣기를 하는 과정이다. 두 가지를 병행하면 저절로 암기가 되고 어느 순간 입에서 저절로 나오게 된다.

2단계: 집중듣기

24시간 한국어를 사용하는 환경에서 영어를 배우려면 의식적으로 영어의 소리 환경을 만들어야 한다. 엄마표 영어를 하는 엄마들에게 익숙한 《잠수네 아이들의 소문난 영어 공부법》에 의하면 하루 3시간을 확보하라고 말한다. 그런데 실제로 매일 3시간 동안 영어에만 집중하기는 쉽지 않다. 중요한 것은 3시간이든 1시간이든 매일 꾸준히 해야 한다는 것이다. 정말 매일 반복하기가 힘들다면 등하고 시간 차를 탈 때나 잠자기 전 등 일정한 시간을 정해서 그 시간만큼은 지켜나가야 한다.

유치원·초등 단계에서 듣기를 가장 효과적으로 할 수 있는 방법은 책 읽기다. 발음에 개의치 말고 아이가 흥미를 가질 수 있게끔 읽어주면 된다. 아이가 영어 소리에 익숙해지고 간단한 단어를 소리 내어 읽을 정도가 되면 집중듣기를 시도한다. 처음 시작하는 아이들은 평소 즐겨 읽고 좋아하는 책을 골라 쉽고 재미있게 시작하는 것이 포인트다. 10분 정도 CD를 듣고 정확하게 손가락으로 따라 짚어가며 듣기를 진행한다. 집중듣기가 어느 정도 익숙해지면 아이와 함께 책을 선택해 본격적으로 진행한다. 책 읽기보다 집중력이 필요한 과정이므로 아이가 익숙해질 때까지 관심을 가지고 지켜보자.

집중듣기는 말 그대로 집중해서 들어야 하기 때문에 글을 놓치기 쉽다. 10분이 짧을 수도 있지만 절대 적은 양이 아니다. 아이가 재미있게 꾸준히 유지할 수 있도록 엄마의 칭찬과 격려가 필요하다. 아이들의 적응 기간을 살펴 조금씩 시간을 늘려주면 된다.

태희는 일곱 살 때 챕터북 Junie B. Jones(주니비존스) 시리즈를 10분간 집중듣기부터 시작해 손가락으로 짚어가며 꼬박 1년 동안 했다. 나도 옆에서 몇 번 같이 진행해봤는데 쉬운 일이 아니었다. 태희는 초등학교 4학년 때 흠뻑 빠져 지냈던 Harry potter(해리 포터) 시리즈와 5학년 때 접했던 《Pippi Longstocking》《Ella Enchanted》《Princess Academy》《Holes》 등 다양한 소설책까지 거의 매일 꾸준히 집중듣기를 해왔다. 집중듣기 책은 아이가 좋아하는 것으로 직접 선정했고 깊이 빠져 있던 책은 아이가 원하는 만큼 몇 번이고 반복하게 했다. 책을 읽고 줄거리를 이야기하는 것도 신기했지만, 말하는 실력까지 부쩍 늘었다.

3단계: 영어책 읽기

5학년 영우는 다섯 살 때부터 영어유치원에 다녔고 스토리 수업까지 진행했다. 초등학교 때부터 좋다는 영어학원은 다 다녔는데 실력은 늘지 않고 오히려 영어가 싫어졌다고 한다. 영우 엄마는 아이의 영어에 투자한 돈을 생각하면 아깝기만 하고, 잘 따라주지 않는 아이에게 화가 난다고 했다. 이처럼 요새는 아이가 한글을 완벽하게 떼기 전에 영어부터 가르치는 사람이 많은 듯하다. 영어에 일찍 노출시키는 것은 바람직하지만 아이에게 무작정 언어 능력만 강요하는 것은 위험하다.

영우 역시 여섯 살 때부터 유치원 과제로 매일 단어를 암기해야 했다. 테스트에 통과하지 못하면 교실 뒤로 가서 한참을 서 있어야 했다. 의도와는 다르게 이런 일들은 일찌감치 영어가 싫어지는 계기로 작동한다. 영우의 엄마는 흥미 위주로 영어를 시작했어야 했는데, 너무 늦게 깨달았다고 아쉬워했다. 상상력을 키우며 즐겁게 공부할 수 있는 가장 효과적인 방법은 독서다. 어휘 또한 수준에 맞는 책을 통해 문장 속에서 자연스럽게 익혀야 한다.

영어에 대한 흥미를 전혀 느끼지 못하는 영우에게 최고의 처방전은 역시 가장 쉬운 영어 동화책 읽기였다. 자신이 봐도 너무 쉬워 보이는 책 200권을 골라 매일 일정량을 반복해서 읽게 했다. 간혹 1~2줄짜리 페이지에도 모르는 어휘가 간혹 있었지만 그림에서 그

뜻을 충분히 유추해낼 수 있었다. 어려운 어휘는 그림과 연결하여 이해하면 훨씬 더 오래 기억에 남는다. 그림을 글자처럼 꼼꼼히 잘 읽어야 하는 이유가 이것이다. 영우는 6개월 동안 쉬운 책 1,000권을 읽고 어휘력을 탄탄히 다진 후 다음 단계의 책에 자신 있게 도전했다.

아이가 좋아하는 주제나 장르의 책으로 흥미를 유발하고 독서의 즐거움에 빠질 수 있도록 도와주는 것이 핵심이다. 그렇게 독서의 즐거움에 빠진 아이들은 누가 시키지 않아도 스스로 책을 찾아 읽고 자기 주도 학습으로까지 나아간다. 영우는 차츰 영어에 재미를 붙여 책을 쌓아놓고 읽는 시간이 늘어났다. 쉽고 재미있는 책을 통해 영어의 자신감까지 생기면서 2년이 지난 지금은 《The Mysterious Benedict Society》라는 소설책에 흠뻑 빠져 있다.

다양한 장르의 책을 읽다 보면 자연스럽게 배경지식이 쌓이고 그 나라의 문화를 배울 수 있다. 독서를 하면 어휘력과 독해력, 이해력은 자연스럽게 따라온다. 어휘력이 부족하면 내용을 파악하지 못해 읽기가 어려워진다. 글에서 말하는 정보를 파악하지 못하면 이해하기 어렵고, 그러면 글을 평가하고 감상하는 능력도 당연히 떨어진다. 제시된 문장을 읽고도 뜻을 이해하지 못하거나 질문을 잘 파악하지 못해서 엉뚱한 답을 내놓기도 한다. 어휘력은 언어 감각과 깊은 관련이 있다. 어휘력이란 그 단어의 뜻을 아는 것만을 말하지 않는다. 다양한 문장을 이해하는 과정에서 진정한 어휘력을 갖추게 되고, 이는 언어 감각을 키우는 데 큰 자산이 된다.

4단계: 영어사전 활용하기

영영사전을 이용하면 어휘력을 늘리는 데 큰 도움이 된다. 영영사전은 영어 단어를 영어로 설명해놓은 것이기에 단어 하나를 찾으려고 펼쳐도 수많은 관련 단어를 접할 수 있다. 단 자신에게 맞는 적당한 수준의 영영사전을 선택해야 한다. 아이들은 영자신문에서 흥미로운 기사를 발견하는 것도 좋아한다. 영자신문 역시 다양한 기사가 실리기에 시사와 상식 어휘를 접하기에 좋은 교재다. 다소 어려운 기관명이나 책에서 익히지 못하는 생소한 어휘들을 익힐 기회가 되기도 한다.

지오는 초등 6학년 아이로 단편적인 코스북과 문법 위주의 수업을 오래 진행하다가 카멜레온 영어 도서관을 찾아왔다. 어느 날, 영어 동화책 문장 중 "You already have a fair amount marbles at home." 때문에 한참을 헤맸다. 자신이 알고 있는 'fair'는 '공정하다, 올바른, 당당한, 공정하게' 정도인데 아무리 끼워 맞춰도 해석이 되지 않았기 때문이다.

지오는 옆에서 함께 공부하던 윤아에게 이 문장을 물어보았다. 윤아는 이 문장에서 'fair'는 '상당하다'라는 표현이라고 대답했다. 'fair'의 의미가 문장과 상황에 따라 달라진다는 얘기다. 윤아는 영어 동화책만 3,000권을 넘게 읽은 영어 독서광이다. 윤아의 설명을 듣고 지오는 왜 영어책을 다양하게 읽고 어휘를 문장 속에서 익혀야 하는지 알게 됐다. 독서를 많이 할수록 원어민의 영어 표현, 어휘, 문장에 익숙해지기 때문이다.

어휘력은 다양한 독서를 통해 폭넓게 확장될 수 있다. 쉬운 영어 원서는 실제 많이 사용하는 어휘만으로도 충분히 읽을 수 있다. 원서 읽기를 꾸준히 해나간다면 다양한 어휘와 배경지식을 쌓는 것은 당연하고, 대화의 주제 또한 확장된다. 이렇게 독서를 통해 접한 다양한 어휘는 반복을 통해 말하기로 연결된다. 책 속에서 이미 보았던 맥락을 현실에서 발견하면 책에서 많이 본 어휘가 자동으로 떠올라 표현에 막힘이 없어진다. 그런 경험은 영어 공부를 더 자발적으로 하게 하는 원동력이 된다.

5단계: 영작 훈련

중학교 3학년 때 미국에 있는 친구와 펜팔을 한 적이 있다. 한 달에 한두 통씩 1년 넘게 편지를 주고받았다. 나는 영작에 자신이 없어서 먼저 한글로 쓴 다음 한 줄씩 영어로 옮겼다. 간혹 막히는 구간에서는 사전을 뒤적거리고 영어책에서 비슷한 문장을 옮겨 적었다. 그래도 완성되지 않은 문장은 영어 선생님의 도움을 받기도 했다. 생각하는 대로 자유롭게 글을 쓰고 싶었지만 실력이 따라주지 않으니 너무나 답답했다. 영어 한번 제대로 해보고 싶다는 생각을 그때부터 했다.

무엇이든 처음엔 서툴고 어려운 법이다. 나는 우리 아이들이 영어 글쓰기를 편안하게 여기기를 바랐다. 처음 알파벳 쓰기를 시작할 때는 옆에서 같이 손을 잡아줬다. 글씨가 아무리 춤을 추듯 날아다녀도 칭찬을 아끼지 않았다. 1년 정도 지나자, 아이는 책 제목을 읽어주면 노트에 받아 기록할 정도로 성장했다. 받아쓰기 연습을 따로 할 필요가 없었다. 철자가 틀린 단어들도 있었지만 크게 지적하지 않았다. 시간이 지나고 독서 노트가 1권씩 늘어날 때마다 아이의 글씨도 조금씩 더 반듯해졌다.

유대인들은 처음 알파벳을 가르칠 때 글자에 꿀을 바른다고 한다. '배움이 벌꿀처럼 달고 즐거운 것'이라고 느끼게 하기 위해서란다. 나도 욕심부리지 않고 천천히 진행하면서. 우리 아이들에게 배움이 꿀처럼 달았으면 좋겠다고 생각했다.

태희는 일곱 살 때 영어 동화책을 읽고 챕터북으로 집중듣기를 시작했다. 이때 아이가 읽고 있는 영어 동화책 중에 쉽고 간단한 문장을 스케치북에 5개씩 큼직하게 써넣었다. 그런 다음 냉장고와 방문 앞에 붙여놓고 지나갈 때마다 한 번씩 읽었다. 냉장고 문을 열 때 노크처럼 문장을 읽어갔더니 문장 5개가 일주일 만에 확실히 외워졌다. 엄마가 집에서 큰 소리로 문장을 읽고 다니니 아이도 어느 순간 따라 하게 됐다. 잠자리에 들기 전에는 그 문장을 소리 내어 반복하며 누가 더 잘하나 게임처럼 놀기도 했다.

  일주일에 문장 5개를 외우면 한 달이면 적어도 20개가 된다. 그렇게 두 달을 반복했더니 기본 문장 50개가 쌓였다. 경험에 의하면, 기본 문장 50개가 쌓이는 순간 문장 암기에 자신감을 갖게 된다. 시간이 지난 후 외운 문장을 쓰기로 연결했다. 마주 앉아 읽어주며 한두 문장을 보지 않고 쓰도록 했다. 하루에 하나씩만 외워도 일주일이면 7개다. '겨우 문장 1개'라고 과소평가하기엔 매일의 힘은 정말 크다.

  영어 글쓰기의 첫걸음은 양껏 써보기다. 스펠링과 문법은 중요하지 않다. 글로 채웠다는 것이 중요하다. 처음부터 틀린 문장마다 고쳐주며 지적하는 것은 아이를 영어 글쓰기로부터 멀어지게 만드는 행동이다. 아이가 쓴 영어에 손대지 말고 5~10줄을 채우도록 독려해보자. 암기한 문장을 써도 되고 아이가 좋아하는 그림책의 한 장면을 베껴 적어도 좋다. 짧게 그날의 기분을 표현한 영어 일기를 함께 쓰는 것은 더더욱 좋다. 처음에 아이는 한 줄 쓰는 것도 힘들어한다. 당연하다. 어렵다고 생각되는 글쓰기이기에 더더욱 시작이 가벼워야 한다.

  카멜레온 영어 도서관을 찾은 아이들은 개인차가 있지만 대부분 쉬운 동화책부터 시작해 6개월의 시간 동안 약 1,000권의 책을 읽는다. 자기 단계보다 쉬운 책으로 시작하기 때문에 다들 어렵지 않게 해낸다. 수업시간마다 읽은 책의 제목과 좋아하는 문장을 독서 노트에 기록하게 하는데, 쉬운 책을 반복해서 읽은 덕에 그 문장은 쉽게 외운다.

보통 아이들은 3,000권 정도의 독서를 진행한 후 아웃풋으로 쓰기를 진행한다. 초등학교 5학년 소영이는 초등학교 1학년일 때 만나 지금까지 일주일에 4일씩 꾸준히 함께했다. 소영이는 10권의 독서 노트를 가지고 있다. 그만큼 실력도 차곡차곡 쌓아왔다. 이 아이에게는 작문 실력을 늘리기 위해 생각을 글로 표현하는 과제를 매일 내줬다. 생각을 영어로 적는 것이 쉽지는 않지만 영어책만 3,000권 이상 읽었고 수업 때마다 좋아하는 문장을 익힌 아이이기에 어렵지 않을 거라고 확신했다. 소영이는 처음에는 2~3줄의 단문을 쓰다가 어느 순간 문장이 길어지기 시작했다. 책을 보며 수없이 반복해 익힌 문장들이 자연스럽게 쓰기로 연결된 것이다.

쓰기는 막연한 것이 아니다. 가볍게 제시해주고 차근차근 다가가게 해주면 아이들은 생각보다 쉽게 접근한다. 특히 영어 일기를 매일 꾸준히 쓰는 것은 글을 잘 쓸 수 있게 하는 밑거름이 되어 영어로 말하는 능력까지 키워준다.

초등 3~4학년 때까지는 스펠링이나 해석은 묻지도 따지지도 말고, 아이가 영어책을 읽고 듣게만 해주자. 아웃풋은 영어가 웬만큼 쌓인 후에 기대해야 한다. 영어 잘하는 아이보다 영어를 편안하게 여기는 아이가 되길 바라자. 인풋이 많으면 언젠가 자연스럽게 아웃풋이 되어 말하기, 쓰기로 연결된다. 그 과정을 통해 아이들의 영어 실력은 쑥쑥 자라게 된다.

6단계: 말하기

어린이 도서관을 드나들던 때였다. 태희가 여섯 살 때였는데, 호주에서 온 원어민 선생님을 알게 됐다. 매일 오후 2시 영어 동화책을 읽어주는 시간이 생겼는데, 그 시간을 담당하는 선생님이었다. 원어민의 발음으로 들려주는 영어 동화는 아이들의 호기심을 자극했고 재미있게 집중할 수 있어 인기가 많았다.

태희는 영어 동화책을 어렸을 때부터 접했기 때문에 책 속 어휘들을 자세히 알고 있었다. 선생님이 도중에 "What's this?"라고 물으면 태희는 자신 있게 "Polar bear, Snow white, Tooth, Mitten, Flower" 등 짧은 단어로 대답하곤 했다. 그러면 선생님은 "Good job!" 하며 칭찬해주었다. 태희는 칭찬에 더 신이 나 귀를 쫑긋거리고 몸이 앞으로 기울어질 정도로 집중했다. 선생님의 시선을 받자 기분이 좋아져서 더 자신 있고 또렷하게 답했다. 그 짧은 시간에 아이의 자신감은 내 눈에 보일 만큼 자라고 있었다. 나 또한 흐뭇하게 지켜보면서 태희의 엉덩이를 토닥거렸다.

아이는 도서관에서 책을 읽다가도 원어민 선생님이 지나가면 쪼르르 달려가 선생님 손을 덥석 잡고 종알거렸다. 선생님은 자신을 보면 매일 웃으며 달려오는 태희가 귀여웠는지 한 번씩 무릎에 앉히고 영어 동화책을 읽어주기도 했다. 하루는 선생님이 나한테 태희가 영어를 언제부터 어떻게 공부했느냐고 물었다. 집에서 흘려듣기를 꾸준히 하고 동화책을 열심히 읽어줬다고 얘기했더니 발음이 원어민만큼 정확하다고 칭찬해줬다. 외국에서 살다 온 줄 알았다는 이야기도 했다. 엄마표 영어를 결심한 후 하루하루 만리장성에 돌 하나씩 쌓듯 지내온 나는 그 시간을 보상받은 것처럼 무척 기분이 좋았다.

영어 공부를 하는 사람들에겐 다양한 목표가 있다. 그러나 궁극적인 목표가 무엇이든 결국 외국인과 자연스럽게 대화하고 실제 상황에서 자신의 의견을 능숙하게 표현할 수 있기를 원한다. 사회가 발전하고 글로벌화되면서 영어로 말하는 것은 학교뿐 아니라 사회에 진출하는 이들에게도 꼭 필요한 기본 능력이 되었다. 하지만 많은 아이가 여전히 학교 성적이나 수능 점수에 초점을 맞춰 공부한다. 말하기의 중요성을 알면서도 현실에선 점수에만 연연하니 안타까운 일이다.

나는 영어를 쓰는 시간을 정하는 것보다 장소를 정하는 것이 더 도움이 됐다. 영어만 쓰는 곳, 즉 'speaking Zone(스피킹 존)'을 만드는 것이다. 목욕탕에서 샤워하거나 양치질하거나 세수할 때, 식탁에서 밥을 먹을 때, 안방에서 옷을 갈아입을 때 등 엄마부터 간단하게 영어로만 말해보자. 그러면 아이들도 곧 따라 한다. 책을 읽은 후 말을 할 수 있는 연결고리를 만들어 질의응답을 하는 식의 놀이도 유익하다.

"What is this?"보다는 "What color is this strawberry?"처럼 질문해야 이야기를 이어가기가 수월하다. 아이가 "Red."라고 대답하면 다음과 같이 대화를 이어간다.

"Red?"

"What is red?"

"Apple is red."

"Oh, this apple is red?"

이런 식으로 하면 게임을 하듯 무한히 이어갈 수 있다.

책 읽기는 수차례 반복하고 듣기를 병행할 때 문장이 아이 머릿속에 통째로 담긴다. 이 통문장은 상황에 맞춰 제때 튀어나와 말하기로 연결된다. 그러므로 아이에게 책을 읽어줄 때 내용만 읽어주고 끝내면 언어 확장이 더딜 수밖에 없다. 1권을 읽더라도 아이와 대사를 주고받거나 역할을 바꿔 말하기로 연결해보자. 이런 놀이를 통해 영어 사고의 폭이 넓어진다.

《It Looked Like Spilt Milk》라는 영어 그림책을 읽으며 태희와 이런 대화를 주고받았다.

"Sometimes it looked like a ~" 하고 내가 책을 읽으니 태희가 "Tree."라고 대답했다. 또 "Sometimes it looked like a ~"라고 하자 태희가 그림을 보고 "Pig." 하고 대답했다. 그런 문답을 몇 번 반복한 후 "But it wasn't a pig."라고 정리했다. 이렇게 엄마와 재미

있게 몇 번 반복해서 읽은 후 CD를 통해 소리를 익히면 자연스럽게 글을 읽고 말로 연결하게 된다.

태희가 여섯 살이 되면서 조금씩 혼자서 책을 읽게 되자 가족들 앞에서 큰 소리로 영어책 읽는 발표 시간을 가졌다. 책 선택은 늘 태희에게 맡겼고 단어 하나가 전부인 책을 골라도, 긴 문장으로 된 책을 골라도 항상 환호했다. 어느 날은 책을 읽은 후 가족들이 박수와 칭찬을 보내자 태희는 "엄마! 많은 사람 앞에서 책을 읽어주는 느낌이에요."라며 뿌듯한 표정을 지었다. 할머니가 한 번씩 집에 오실 때면 아이는 자랑하듯 영어책을 가지고 와 줄줄 읽어내려 갔다. 할머니는 효도가 따로 없다며 즐거워하셨다.

큰 목소리와 정확한 발음으로 말하는 연습은 자신감 있는 말하기를 위해 아주 중요하다. 소리 내어 읽는 습관을 들이면 문장 속에서 자주 접하는 전치사와 자주 쓰는 숙어, 문법들도 쉽게 연결할 수 있다. 예를 들어 'in the spring, in the summer, in the room' 같은 표현에서 'in the'가 자연스럽게 익혀진다. 유아들이 볼 수 있는 영어 동화책《Can You Keep a Secret?》에서는 위치를 나타내는 전치사 under, behind, inside, between 등을 아주 쉽고 재미있게 표현해 놓았다.

"Can you keep a secret?"

비밀 지킬 수 있어요?

"The king has lost his crown."
왕이 왕관을 잃어버렸대요.
"Is it under the green elephant?"
초록 코끼리 아래에 있어요?
"Is it behind the yellow lion?"
노랑 사자 뒤에 있어요?
"Is it inside the hippopotamus?"
하마 안에 있어요?
"Is it between the brown bears?"
갈색 곰들 사이에 있어요?

어릴 때 즐겨 읽었던 이솝우화 중 《시골쥐와 서울쥐》의 영어 원서는 《The Town Mouse and the Country Mouse》다. 이 책에서도 문법이 자연스럽게 익혀진다.

"Town Mouse doesn't like it very much."
서울쥐는 그것을 많이 좋아하지 않습니다.
"He likes the town better."
그는 도시를 더 좋아합니다.
"Country Mouse like the country best."
시골쥐는 시골을 가장 좋아합니다.

무언가를 '많이, 아주' 좋아할 때 쓸 수 있는 부사는 'very much'다. 두 대상 사이에서 '더' 좋아함을 나타낼 때는 'better'를 사용한다. 여러 가지 대상 사이에서 '가장' 좋아하는 것을 나타낼 때는 'best'를 사용한다. 독서를 많이 하면 문법을 따로 설명해주지 않아도 많은 문장을 접한 경험으로 앞뒤 문맥을 이해하고 유추해낼 수 있다.

영어책에서 빈번하게 등장하는 감탄사도 다양한 문장 속에서 쉽게 찾을 수 있다.

"What a lot of noise!"
이렇게 소란스럽다니!

"What a lot of people!"
이렇게 사람이 많다니!

흔히 의문사 '무엇'이라고 알고 있는 'What'은 문장 내에서 감탄사로도 자주 쓰인다.

"What a beautiful girl!"
저렇게 아름다운 소녀가 있다니!

독서는 말하기 실력을 높이는 데에도 아주 중요하다. 늘 책을 가까이하는 아이들은 재미있는 책은 여러 번 반복해서 읽는다. 그러다 보니 책 속 문장을 어느새 외우게 되어 적절한 때에 저절로 입 밖으로 튀어나온다. 독서를 통한 말하기는 배경지식과 어휘력이 바탕이 되어 있기에 말하기 표현도 한결 매끄러워진다.

영어로 말할 때 의미가 전달되지 않는다면, 그것은 발음이 안 좋아서라기보다 자신감이 부족해서일 가능성이 크다. 영어로 말하길 주저하지 않는 아이로 키우기 위해서는, 아이가 영어로 뭔가를 말할 때마다 칭찬과 격려로 응원해주어야 한다. 작은 행동들이 반복되어 습관을 만들듯, 작더라도 자신의 생각을 표현할 기회를 계속 만들어주자. 영어로 한마디씩 건네는 연습이 아이들의 자신감을 키워준다. 귀가 뚫렸으니 이제 입을 열 차례다.

수준별 맞춤 영어 공부법

Level 1~3: 쉬운 교재로 재미를 알게 하자

Level 1~3

- **Level 1**: 영어를 처음 시작하는 아이들이 이 단계다. 영어책을 전혀 읽지 못하고 단어와 그림을 연결하여 어휘를 인지하는 수준이다. 가장 낮은 단계의 영어책을 읽는 단계이므로 영어에 대한 흥미와 재미를 붙여주는 것이 무엇보다 중요하다. 듣기 중심의 영어 학습을 진행하되, 아이가 호기심을 갖고 좋아하는 분야의 동화책을 선택해 반복해서 들려준다.
- **Level 2**: 쉬운 영어책을 반복해서 읽은 아이들이 해당하는 단계다. Level 1, 2단계의 책은 스스로 읽을 수 있다.
- **Level 3**: 집중듣기와 쉬운 영어책 읽기를 진행한 아이들이 해당하는 단계다. 영어책의 줄거리를 이야기하고, 그림책(Level 1~3)뿐만 아니라 리더스북(L1~L3)을 읽고 이해할 수 있다.

핵심은 이것

- 아이가 집중듣기에 적응할 때까지 엄마가 꼭 같이 해주자.
- 아이들이 먹고 쉬고 노는 시간 혹은 차량으로 이동하는 시간 등 자투리 시간을 이용해 흘려듣기를 진행한다.
- 흘려듣기 → 집중듣기 → 쉬운 책 읽기 순으로 하나씩 추가하여 진행한다.
- 아이가 스스로 동기를 부여할 수 있도록 칭찬을 아끼지 않는다.
- 엄마표 영어 공부에서는 아이와의 유대감이 무엇보다 중요하다. 서로에게 도움이 될 수 있도록 격려하고 칭찬하면서 즐겁게 진행한다.

DVD 흘려듣기 & 영어 소리 듣기

영어를 접하는 첫 단계이므로 평상시 아이들이 좋아하는 캐릭터를 선택한다. 그리고 말의 흐름이 너무 빠르지 않은 DVD를 선택한다. 아이들의 기호에 따라 똑같은 영화를 반복해서 보여주거나 다양하게 접하도록 해줘도 좋다. 일정한 시간이 지나면 아이마다 좋아하는 영화가 생겨나고 반복을 통해 영어 학습의 효과가 높아진다. 첫 경험이니만큼 아이들이 영어에 재미를 느끼고 쉽게 다가갈 수 있도록 하는 데 중점을 둔다. DVD 또한 흥미와 재미를 경험할 수 있는 것을 선택해 보여주고 들려준다.

♥ 흘려듣기용 DVD

Timothy Goes To School(티모시네 유치원)

Clifford(클리포드)

Max & Ruby(토끼네 집으로 오세요)

Little Bear(리틀베어)

Caillou(까이유), The Magic Key(매직 키)

Curious George(호기심 많은 조지)

Berenstain Bears(베렌스타인 베어스) 시리즈

Charlie and Lola(찰리와 롤라) 시리즈

Horrid Henry(호리드 헨리)

Arthur(아서)

SpongeBob(스폰지밥)

♥ 집중듣기용 Audio

아이의 수준에 맞는 가장 쉬운 책을 선택해 10분부터 시작한다. 원어민의 정확한 발음을 듣고 손가락으로 단어 하나하나를 짚어가며 눈으로 따라 읽는 방법이다. 단어와 문장을 읽는 데 어느 정도 익숙해지면 눈으로 따라 읽고 줄거리도 말할 수 있게 된다. 집중듣

기를 할 때는 말 그대로 집중력이 필요하다. 단계가 너무 어렵거나 관심 밖의 책은 아이가 영어를 싫어하게 되는 원인이 될 수 있다. 적절한 수준의 책을 선택하는 것이 관건이다. 매일 일정량을 정해 꾸준히 지속하게 하고, 책의 레벨에 맞게 집중듣기 시간도 점차 늘려준다.

♥ 추천교재

그림책(L1) When I Was Five	글·그림 Arthur Howard
그림책(L1) The Foot Book	글·그림 Dr. Seuss
그림책(L1) Whose Mouse Are You?	글·그림 Robert Kraus
그림책(L1) Things I Like	글·그림 Anthony Browne
그림책(L1) I Like Me!	글·그림 Nancy Carlson
그림책(L1) Today Is Monday	글·그림 Eric Carle
그림책(L1) Spring is Here	글·그림 Taro Gomi
그림책(L1) My friends	글·그림 Taro Gomi
그림책(L1) Quick as a Cricket	글·그림 Audrey wood
그림책(L1) Here Are My Hands	글·그림 Bill Martin Jr.·Ted Rand
그림책(L2) It Looked Like Spilt Milk	글·그림 Charles G. Shaw
그림책(L2) Don't Wake Up Mama!	글·그림 Eileen Christelow
그림책(L2) Five Little Monkeys Jumping on the Bed	글·그림 Eileen Christelow

그림책(L2) Dear Zoo	글·그림 Rod Campbell
그림책(L2) The Bear's Lunch	글·그림 Pamela Allen
그림책(L2) Seven Blind Mice	글·그림 Ed Young
그림책(L2) Mr. Gumpy's Outing	글·그림 John Burningham
그림책(L2) Pete's Pizza	글·그림 William Steing
그림책(L2) Bark, George	글·그림 Jules Feiffer
그림책(L2) The Wind Blew	글·그림 Pat Hutchins
그림책(L3) The Gruffalo	글·그림 Julia Donaldson
그림책(L3) The Cat in the Hat	글·그림 Dr. Seuss
그림책(L3) Green Eggs and Ham	글·그림 Dr. Seuss
그림책(L3) Farmer Duck	글·그림 Martin Waddell
그림책(L3) Madeline	글·그림 Ludwig Bemelmans
그림책(L3) Willy's Pictures	글·그림 Anthony Browne
그림책(L3) Mommy Laid An Egg	글·그림 Babette Cole
그림책(L3) The Library	글·그림 Sarah Stewart
그림책(L3) Dr. Dog	글·그림 Babette Cole
그림책(L3) The Paper Crane	글·그림 Molly Garrett Bang
리더스북(L1~3) Step into Reading 시리즈: Step 1~3	
리더스북(L1~3) Little Critter First Readers 시리즈	
리더스북(L1~3) Scholastic Hello Reader 시리즈	
리더스북(L3) Froggy 시리즈	글·그림 Jonathan London
리더스북(L4) Curious George 시리즈	글·그림 Margret Rey, H. A. Rey

리더스북(L4) Arthur Adventure 시리즈	글·그림 Marc Brown
챕터북(L3) Rockets 시리즈	글·그림 Chris Powling 외
챕터북(L3) Commander Toad 시리즈	글·그림 Jane Yolen
챕터북(L3) Mr.Putter & Tabby 시리즈	글·그림 Cynthia Rylant
챕터북(L3) Nate the Great 시리즈	글·그림 Marjorie Weinman Sharmat
챕터북(L4) Nancy Drew and the Clue Crew 시리즈	글·그림 Carolyn Keene
챕터북(L4) Horrid Henry 시리즈	글·그림 Francesca Simon
챕터북(L4) Black Lagoon Adventures 시리즈	글·그림 Mike Thaler
챕터북(L4) Junie B. Jones 시리즈	글·그림 Barbara Park

※ 리더스북(Early Readers): 책 읽기를 시작하는 아이들을 위한 읽기 연습 책
※ 챕터북(Chapters): 그림책에서 소설책으로 가는 중간 단계에 있는 책

영어책 읽기

처음에는 집중듣기한 책을 읽게 하고 점차 양을 늘려나간다. 영어책 읽기에서는 집중듣기 단계보다 한 단계 낮은 쉬운 책을 선정해 충분히 읽도록 한다. 하루 일정한 분량을 정해 꾸준히 반복하면 다양한 레벨(L1~3)의 읽기가 가능해진다.

♥ **추천교재: 집중듣기한 그림책(L1~L3), 집중듣기한 리더스북(L1~L3)**

그림책(L1) I Went Walking	글·그림 Sue Williams
그림책(L1) Bear in a Square	글·그림 Stella Blackstone
그림책(L1) Whose Baby Am I?	글·그림 John Butler
그림책(L1) Have You Seen My Duckling?	글·그림 Nancy Tafuri
그림책(L1) Freight Train	글·그림 Donald crews
그림책(L1) Rain	글·그림 Donald Crews
그림책(L1) The happy Day	글·그림 Ruth Krauss
그림책(L1) Color Zoo	글·그림 Lois Ehlert
그림책(L1) Fish Eyes	글·그림 Lois Ehlert
그림책(L1) Dinosaurs, Dinosaurs	글·그림 Byron Barton
그림책(L2) Where's My Teddy?	글·그림 Jez Alborough
그림책(L2) Don't Do That!	글·그림 Tony Ross
그림책(L2) Mama, Do You Love Me?	글·그림 Barbara M. Joosse·Barbara Lavallee
그림책(L2) The Big Hungry Bear	글·그림 Don & Audrey Wood
그림책(L2) Suddenly!	글·그림 Colin McNaughton
그림책(L2) Silly Sally	글·그림 Audrey Wood
그림책(L2) We're going on a Bear Hunt	글·그림 Helen Oxenbury
그림책(L2) The Snowman Story Book	글·그림 Raymond Briggs
그림책(L2) My Brother	글·그림 Anthony Browne

그림책(L2) The Snowy Day	글·그림 Ezra Jack Keats
그림책(L3) The Paper Bag Princess	글·그림 Robert Munsch
그림책(L3) Winnie the Witch	글·그림 Korky Paul
그림책(L3) Winnie in Winter	글·그림 Korky Paul
그림책(L3) Owen	글·그림 Kevin Henkes
그림책(L3) A Weekend with Wendell	글·그림 Kevin Henkes
그림책(L3) Madeline	글·그림 Ludwig Bemelmans
그림책(L3) Frog in Love	글·그림 Max Velthuijs
그림책(L3) The Library	글·그림 Sarah Stewart·David Small
그림책(L3) The Napping House	글·그림 Audrey Wood
그림책(L3) King Bidgood's in the Bathtub	글·그림 Andrey Wood·Don Wood

- 리더스북(L1~2) Learn to Read 시리즈
- 리더스북(L1~2) Ready to Ready 시리즈
- 리더스북(L1~3) Step into Reading 시리즈
- 리더스북(L1~3) Usborne First Reading 시리즈
- 리더스북(L2~3) Oxford Reading Tree 시리즈
- 리더스북(L3) Henry and Mudge 시리즈
- 리더스북(L3) Young Cam Jansen 시리즈
- 리더스북(L3) Iris and Walter 시리즈

Level 4~5: 깊고 넓게, 자신감을 키워주자

Level 4

- Level 2~3단계의 다양한 책을 읽을 수 있다.
- 집중듣기, 흘려듣기를 통해 좀더 깊이 있고 폭넓은 영어로 연결한다.
- 쉬운 책 읽기와 100권, 1,000권, 2,000권 읽기를 목표로 영어 자신감을 높인다.
- 쉬운 책 읽기(L1~3)를 통해 쉬운 글을 쓰기 시작한다.
- 재미있는 책 읽기의 다독을 통해 기초를 탄탄히 하는 시기다.
- 영자신문(예컨대 〈Kids Times(키즈타임즈)〉)을 이용해 책에서 부족한 시사적 이슈를 챙겨 볼 수 있다.
- 영어 Dictionary(그림사전) 읽기: 영어 단어를 그림과 영어로 풀이하고 이해하는 과정에서 영어적 사고 능력을 키우고 더욱 확

장된 어휘를 경험할 수 있다. 하루 1~2페이지씩 꾸준히 읽어나간다.

Level 5

- Level 3~4단계의 다양한 책을 읽을 수 있다.
- 집중듣기, 흘려듣기를 통해 좀더 깊이 있고 폭넓은 영어로 연결한다.
- 다양한 책 읽기를 통해 영어 자신감을 높인다.
- 저마다 좋아하는 책과 작가가 생긴다.
- 문법이 맞지 않아도 일기 형식으로 짧은 글을 쓸 수 있다.
- 어려운 어휘도 문장의 흐름을 통해 이해할 수 있다.
- 생활 속에서 간단한 의사 표현을 할 수 있다.
- 영자신문(예컨대 〈Kids Times(키즈타임즈)〉)을 이용해 책에서 부족한 시사적 이슈를 챙겨 볼 수 있다.
- 영어 Dictionary(그림사전) 활용: 영어 단어를 그림과 영어로 풀이하고 이해하는 과정에서 영어적 사고 능력을 키우고 확장된 어휘를 경험할 수 있다. 하루 1~2페이지씩 꾸준히 읽어나간다.

핵심은 이것

- 영어책 읽기의 어휘를 확장하고 이해의 폭을 넓히기 위해 영어 그림사전을 매일 일정량 읽는다.
- 단어를 꼭 외워야 한다고 강요하지 않는다(따로 외우지 않아도 쉬운 책 반복 읽기를 통해 아는 단어가 저절로 늘어난다).
- 쉬운 책(L1~3), 다독(1,000권 읽기)을 통해 영어 자신감을 높인다.
- 집중듣기를 할 때는 지나치게 어려운 책을 선택하지 않는다.
- 영어를 최우선으로 하고 일정한 양을 정해 매일 읽고 듣는다.
- 학습에 동기를 부여할 수 있도록 칭찬을 아끼지 않는다.

DVD 흘려듣기 & 영어 소리 듣기

영어 DVD를 1년 이상 꾸준히 접한 아이들은 자막 없이 영화를 보기 시작한다. 아이들이 좋아하는 영화가 한두 편씩 생겨난다. 특별히 좋아하는 것은 수십 번 반복해서 봄으로써 영어를 자연스럽게 습득한다. DVD 흘려듣기는 구어체를 표현하고 배우는 데 어떤 교재보다 효과적이다. 매일 흘려듣기 시간을 꼭 챙긴다. 일정한 시간을 정하여 하루 1편씩 꾸준히 보고 듣는 것도 좋다.

♥ 추천교재

Barbie(바비) 시리즈

Pippi Longstocking(삐삐)

The Little Mermaid(인어공주) 시리즈

Iron Giant(아이언 자이언트)

Toy Story(토이스토리)

Finding Nemo(니모를 찾아서)

Up(업), The Ant Bully(앤트 불리)

Mulan(뮬란) 1, 2

Alvin And The Chipmunks 시리즈(앨빈과 슈퍼밴드)

Bolt(볼트)

Home Alone(나홀로 집에) 1, 2, 3

Willy Wonka and the Chocolate Factory(초콜릿 천국)

Ella Enchanted(엘라 인첸티드)

Audio 집중듣기

쉬운 책(L2~3) 집중듣기를 통해 소리 내어 책 읽기가 가능해지면, 한 단계 높은 책을 선택해 집중듣기(L4~5)를 연결한다. 아이가 좋아하는 책은 원하는 만큼 반복해도 좋다. 하루 일정한 시간을 정하여 규칙적으로 하루 1권 정도 꾸준히 하게 한다.

♥ 추천교재

그림책(L3) Corduroy	글·그림 Don Freeman
그림책(L3) Harry the Dirty Dog	글·그림 Gene Zion
그림책(L3) The Baby Who Wouldn't Go to Bed	글·그림 Helen Cooper
그림책(L3) One Fine Day	글·그림 Nonny Hogrogian
그림책(L3) George and Martha	글·그림 James Marshall
그림책(L4) Little Beaver and the Echo	글·그림 Amy MacDonald
그림책(L4) Gorilla	글·그림 Anthony Browne
그림책(L4) Piggy book	글·그림 Anthony Browne
그림책(L4) The Treasure	글·그림 Uri Shulevitz
그림책(L4) The Rainbow Fish	글·그림 Marcus Pfister
그림책(L4) Kitten's First Full Moon	글·그림 Kevin Henkes
그림책(L4) One of Each	글·그림 Mary Ann Hoberman
그림책(L4) The Frog Prince Continued	글·그림 Jon Scieszka
그림책(L4) Love You Forever	글·그림 Robert N. Munsch·Sheila McGraw
그림책(L4) In the Night Kitchen	글·그림 Maurice Sendak
리더스북(L3~4) Oxford Reading Tree 시리즈 Stage 7~9	
리더스북(L3~4) Scholastic Hello Reader 시리즈 Level 2~4	
리더스북(L3~4) An I Can Read Book 시리즈 Level 2~3	
챕터북(L4) Magic Tree House 시리즈	글·그림 Mary Pope Osborne

챕터북(L4) Zack Files 시리즈	글·그림 Dan Greenberg
챕터북(L4) Kate Kazoo 시리즈	글·그림 Nancy Krulik
챕터북(L4) Cam Jansen 시리즈	글·그림 David A. Adler
챕터북(L4) Franny K. Stein 시리즈	글·그림 Jim Benton
챕터북(L4) My Weird School 시리즈	글·그림 Dan Gutman
챕터북(L5) Wayside School 시리즈	글·그림 Louis Sachar
챕터북(L5) The Magic School Bus 시리즈	글·그림 Joanna Cole
챕터북(L5) The Secrets of Droon 시리즈	글·그림 Tony Abbott
챕터북(L5) Katie Kazoo 시리즈	글·그림 Nancy Krulik
챕터북(L5) A to Z Mysteries 시리즈	글·그림 Lisa Banim

영어책 읽기

쉬운 책 읽기(Level 1~3)의 다독을 통해 다음 단계 책 읽기가 수월해진다. L2~3단계를 선택해 '하루 10권씩 10일 동안 100권 읽기' 혹은 '하루 10권씩 석 달 동안 1,000권 읽기'를 목표로 재미있게 읽으며 자신감을 키운다. 쉬운 책 반복 읽기를 통해 자기 수준보다 약간 높은 단계의 책을 집중듣기하여 책 읽기의 단계를 서서히 높인다.

♥ **추천교재: 집중듣기한 그림책, 리더스북, 챕터북(Level 2~4)**

그림책(L2) The Snowy Day	글·그림 Ezra Jack Keats
그림책(L2) Ancient Rhymes	글·그림 Christopher Canyon·John Denver
그림책(L2) If You Take A Mouse to the Movies	글·그림 Laura Joffe Numeroff
그림책(L2) Baby Bear, Baby Bear, What Do You See?	글·그림 Bill Martin·Eric Carle
그림책(L2) My Brother	글·그림 Anthony Browne
그림책(L3) Silly Billy	글·그림 Anthony Browne
그림책(L3) The Kissing Hand	글·그림 Audrey Penn
그림책(L3) The Giving Tree	글·그림 Shel Silverstein
그림책(L3) Curious George Goes to the Hospital	글·그림 H.A. Rey, Margret Rey
그림책(L3) Curious George Rides a Bike	글·그림 H.A. Rey, Margret Rey

리더스북(L1~L3) Oxford Reading Tree 시리즈(Stage 2~7)

리더스북(L1~L3) Little Critter First Readers 시리즈(Level 1~3)

리더스북(L2~L3) Step into Reading 시리즈(Step 1~3)

리더스북(L2~L3) An I Can Read Book 시리즈(My First ~ Level 1)

리더스북(L2~L3) Puffin Easy-to-Read 시리즈(Level 1~2)

리더스북(L3) Henry and Mudge

리더스북(L3) Young Cam Jansen

리더스북(L3~L4) An I Can Read Book 시리즈(Level 2~3)

리더스북(L4) Arthur Adventure 시리즈	
리더스북(L4) Berenstain Bears First Time Book	
챕터북(L4) Nancy Drew and the Clue Crew 시리즈	글·그림 Carolyn Keene
챕터북(L4) Arther Chapter Book 시리즈	글·그림 Marc Brown
챕터북(L4) Black Lagoon Adventures 시리즈	글·그림 Mike Thaler
챕터북(L4) Franny K. Stein 시리즈	글·그림 Jim Benton
챕터북(L4) Marvin Redpost 시리즈	글·그림 Louis Sachar

엄마들이 자주 하는 질문에 대한 답변

부록

 영어, 몇 살부터 시작하면 좋을까요?

초등 자녀를 둔 엄마들과 상담하다 보면 영어를 시작하기에 너무 늦은 건 아닌지 걱정하는 얘기를 많이 듣게 된다. 그래서 너무 늦었다는 조바심에 적당한 타이밍이 언제인지 묻는 사람도 많다.

영어를 배우는 데 특정한 시기가 있는 것은 아니다. 다만, 우리 아이들이 태어나 우리말을 배우는 과정을 살펴보면 하나의 실마리를 얻을 수 있다. 갓 태어난 아이는 어른들이 하는 말을 지속적으로 흘려들으면서 오랜 시간을 보내고, 옹알이를 거쳐 한 단어씩 말하기 시작한다. 이처럼 영어도 늘 흘려들을 수 있는 환경에서 접하면 하나의 언어로 자연스럽게 받아들일 수 있다. 특히 어리면 어릴수록 듣는 귀가 열려 있기에 언어를 배우기가 수월하다.

하지만 영어를 몇 살부터 시작해야 하는지에 대해 정해진 바는 없다. 혹시 아이가 초등학교에 입학한 지 한참 지나 너무 늦은 것은 아닌지 걱정하는 사람이 있다면 그럴 필요가 전혀 없다고 얘기해주고 싶다. 그러는 대신, 지금 당장 영어 동화책 1권을 읽어주고 아이와 함께 이야기를 나누길 바란다. 늦었다고 과한 욕심을 부리거나 아이를 재촉하는 일은 오히려 역효과를 가져온다. 심각한 경우 영어에서 아예 멀어지게 할 수도 있다.

영어를 시작하기에 적당한 날은 나이와는 아무런 상관이 없다. 내일보다는 오늘이 이르고, 오늘 중에서도 바로 지금이 가장 이른 시간이라고 말하고 싶다. 걱정만 한다고 해서 달라지는 것은 없다. 아이에게 영어를 친구로 만들어주기 위해 지금 당장 영어 동화책 읽어주는 것부터 시작하자.

Q 발음이 안 좋은데 영어책을 읽어주어도 될까요?

처음 태희에게 영어 동화책을 읽어줬던 게 기억난다. 많은 사람 앞에서 영어 연설문을 발표하는 것도 아닌데 왜 그리도 주눅이 들던지. 누군가 내 발음을 듣고 있지나 않은가 하고 나도 모르게 주위를 두리번거리기도 했다. 그렇게 시작된 영어책 읽기인데 아이들은 무척 좋아했다.

집에 손님이라도 오는 날이면 사람들 보는 앞에서 영어책을 들고

와 내 무릎에 앉았다. 빨리 읽어달라고 재촉하는 눈빛을 보내면서 말이다. 사람들 많은 데서 영어 발음을 한다는 게 부끄러웠지만 뽐내듯 책을 들고 온 아이가 민망해할까 봐 용기를 냈다. 아이를 무릎에 앉히고 평상시처럼 큰 소리로 읽어줬더니 옆에서도 반응이 뜨거웠다. 영어 발음 좋단다. 태어나서 처음 들어 보는 말이었다. 생각해보니 사람들 앞에서 영어를 큰 소리로 말해본 건 그때가 처음이었다. 그 경험으로 나는 영어에 대해 가지고 있던 거리감을 조금은 줄일 수 있었다.

아이가 자신의 좋지 않은 발음을 따라 할까 봐 걱정하는 엄마가 많다. 사실 영어를 말하고 들을 기회가 별로 없는 우리나라 사람들에게 완벽한 발음을 요구하는 것은 애초부터 무리한 것이다. 발음이 좋든 안 좋든 엄마는 영어책을 읽어주도록 노력해야 한다. 발음이 안 좋다고 시작도 하지 않는다면 아이의 영어는 더욱 어려워지기 때문이다.

나도 아이들에게 읽어줄 영어책을 미리 읽고 오디오나 비디오를 통해 꾸준히 발음 연습을 했다. 동시에 아이에게 정확한 발음을 들려주기 위해 오디오와 비디오를 많이 활용했다. 아이들은 엄마의 발음을 따라 하지 않고 오디오에서 흘러나오는 원어민의 발음을 따라 한다. 내가 1권 읽어주는 시간보다 오디오를 이용해 흘려듣기를 하는 시간이 훨씬 많기 때문이다. 흘려듣기용 음원을 틀어놓은 것처럼 엄마가 온종일 따라다니며 영어로 말하지 않는 한 엄마의 발음을 따라 할 일은 없다. 지금 우리 아이들의 영어 발음은 내 학창 시절과 비교되지 않을 만큼 원어민 수준에 가깝다.

만약 내가 발음이 서툴다고 포기했다면 아이들은 지금처럼 영어 책을 좋아하고 영어를 잘하지 못했을 것이다. 용기를 가지고 아이와 함께 책을 읽어보자. 아무리 발음이 좋아도 목소리가 분명하지 않으면 아이는 집중하지 못한다. 이야기에 맞게 목소리의 톤을 조절해보자. 즐거운 이야기는 밝고 활기차게, 잠자리에서 들려주는 이야기는 차분하고 조용하게. 걱정은 행동하지 않을 때 나타나는 미운 감정이다. 발음보다 더 중요한 것은 많은 책을 읽으며 영어의 두려움을 없애는 것이다.

집중은 안 하고 딴짓만 해요

아이가 집중을 못 하는 데는 여러 가지 이유가 있다. 원래 아이의 집중력은 길지가 않다. 유아들은 책을 읽거나 놀이 수업을 할 때도 집중 시간이 10분에서 15분을 넘지 않는다. 특히 책을 읽을 때 내용이 길거나 수식어가 긴 문장을 그대로 읽어주면 아이들은 금방 지루해한다. 문장이 길다면 굳이 다 읽어주지 않아도 된다. 아이들이 그림만 보면서 책장을 넘기더라도 그 역시 괜찮다. 짧은 책이라도 읽으면 무조건 칭찬해주자. 아이에게 중요한 것은 책 읽는 재미와 엄마에게 인정받는 뿌듯함이다. 이것이 쌓여가면 조금씩 더 잘 집중하게 된다.

우리 집 둘째는 뱃속에 있을 때부터 영어 소리를 듣고 태어났다. 일찍부터 영어 그림책을 접해서인지 집중을 잘하는 편이지만 글이 조금만 길어져도 딴청을 부렸다. 그럴 때마다 약간 과장된 표현과 행동으로 아이의 관심을 끌었다. 책을 읽고 활용할 수 있는 활동 자료를 직접 만들기도 했다. 아이는 활동 자료를 장난감처럼 가지고 놀면서 책에도 재미를 붙였다.

특히 남자아이는 여자아이와 달리 5세 이상이 되면 몸으로 에너지를 실컷 발산한 후에야 차분히 앉아서 책을 읽을 수 있다. 그러니 아이들이 책을 읽고 싶어 하지 않는 시간은 피하는 게 좋다. 친구들과 뛰어놀기 좋은 시간에는 몸으로 마음껏 놀아야 책을 읽을 때도 집중할 수 있다.

아이들이 집중을 안 하는 이유를 관찰해보자. 관심 없는 분야를 읽어주거나 너무 어려운 책을 읽어주어서일 가능성이 있다. 엄마는 유익하고 재미있다고 생각해도 아이는 싫어할 수 있다. 여러 분야의 책을 골고루 읽어주되 아이가 호기심을 갖고 좋아하는 분야에서 시작해야 한다. 아이들은 자신이 좋아하는 분야가 충족됐을 때 다른 분야에도 관심을 가질 수 있다. 내 아이를 가장 잘 아는 사람은 엄마다. 책에 집중하지 않는다고 걱정하기보다는 아이를 잘 살펴 원인을 찾아보자.

Q 자꾸 옆집 아이와 비교가 돼요

매일 성실하게 책을 읽어주는 엄마도 조바심이 날 때가 있다. 옆집 아이는 벌써 웬만한 한글도 척척 읽는다는데, 혼자 놀 때면 중얼중얼 영어로 말하기도 한다는데, 도대체 우리 아이는 언제쯤 혼자 책을 읽을 수 있을까? 마음이 급해지고 은근히 비교하게 된다. 나 역시 내 아이만 바라보고 날마다 최소한의 법칙을 지키던 동안에는 문제 될 것이 없었다. 하지만 누군가와 비교하는 순간 불안해졌고, 그 미운 마음에 휘둘려 아이를 다그치기도 했다.

짧은 시간에 많은 것을 얻으려 하면 엄마와 아이 모두 힘들어진다. 엄마가 불안해하면 아이도 자신감을 갖기 어렵다. 아이를 키우는 엄마들은 무엇보다 자신만의 신념과 기준을 가져야 한다. 그러기까지는 많은 경험을 하면서 아프고 상처받고 추스르는 시간이 필요한 듯하다. 경험만큼 소중한 재산은 없다고, 돈도 써봐야 하고 몸으로도 부딪쳐봐야 내 것이 될 수 있다. 시간이 지나면서 점차 깨달은 것은, 현명한 엄마는 당장의 욕심을 채우는 데 급급하지 않고 멀리 보며 한 걸음씩 나아가는 사람이라는 것이다.

아이들이 언어를 습득하는 데에는 많은 시간이 걸린다. 그러니 그 긴 여정이 싫증 나지 않도록, 재미있게 배울 수 있도록 엄마가 도와주어야 한다. 옆집 아이가 영어 단어를 많이 안다고 영어를 잘하는 것은 아니다. 간단한 단어들은 집중적으로 가르치면 누구나 쉽게 따라 말할 수 있다. 단편적인 영어 지식을 얻는 것보다 영어를 친숙하게 여길 수 있도록 기반을 마련해주는 것이 중요하다. 아이를 위해 영어에 익숙한 환경을 만들어주고, 영어를 편안하게 사용하는 습관을 갖도록 이끌어주자.

태희가 영어 말문이 터지기까지 3년이란 시간이 걸렸다. 그 3년 동안 확인하고 재촉하고 싶은 순간이 한두 번이었겠는가. 하지만 나는 아이를 믿고 기다렸다. 다른 아이와 비교하지 말고 동화책을 꾸준히 읽어주자고 마음을 다잡았다. 지금 내 주변에는 3~4년 동안 꾸준히 동화책을 읽어준 결과 챕터북에 소설책까지 섭렵하는 아이들이 많이 있다. 이 아이들 곁에는 강요하지 않고 함께 책을 읽어온 엄마들이 있다. 대단한 아이들 뒤에는 더 대단한 엄마들이 있는 것이다.

비교는 아프다. 나이 먹은 어른도 아픈데 어린 솜털 같은 아이들은 오죽하랴. 사소한 비교 하나에도 상처받고 주눅 들고 자신감을 잃는다. 아이들은 모두 다르다는 점을 인정하자. 다른 아이와 비교하지 말고 내 아이만 바라보면서 빛나는 순간들을 고마워하자.

 영어를 한글로 해석해줘야 하나요?

굳게 마음먹고 아이에게 영어 동화책을 읽어줘야지 해도 처음에는 엄마도 쑥스럽다. 엄마도 이런데 아이들은 얼마나 힘들까? 말을 배우기 시작하는 단계에 영어와 한글을 동시에 접했다면 별 어려움 없이 받아들이기도 하지만, 우리말에 익숙한 아이들에게 영어 동화책을 읽히기 시작하면 투정을 부리거나 꾀를 피우곤 한다.

"한글책 읽고 싶어요."

"무슨 뜻인지 모르겠어요."

"해석해주세요."

이럴 때 아이들이 싫어한다고 피하다 보면 영어를 경험하는 기회가 줄어들어 영어와 점점 더 멀어지게 된다. 우리말 그림책을 읽을 때처럼 그림을 보며 자연스레 영어를 익힐 수 있도록 도와주자.

또 영어 그림책을 읽어주기 시작할 때 같은 내용이 반복되거나 그림과 글이 일치하는 책은 특별한 설명이 없어도 아이들이 쉽게 이해할 수 있다. 하지만 글이 조금 많아지고 내용이 이해되지 않으면 "엄마, 우리말로 설명해주세요. 영어 말고 한글로 읽어줘요." 하고 말하는 아이가 많다. 그럼 잠시 책을 덮고 휴식을 취해도 좋다. 아이가 답답해하고 싫어하는데 굳이 고집을 부릴 이유가 없다.

직접 몸으로 표현하며 대화를 나누면 쉽게 이해하는 경우도 있다. 둘째가 다섯 살 때 동화책 《What's the Time, Mr Wolf?》를 읽으며 'Wolf' 대신 아이의 이름을 넣어 말놀이를 하고 놀았다. 매시 정각이 되면 이렇게 묻고 답하는 것이다.

"What's the time, Do-woo?"

도우야, 몇 시야?

"It's seven o'clock!"

7시예요.

"Time to get up!"

일어날 시간이야!

"What's the time, Do-woo?"

도우야 몇 시야?

"It's eight o'clock!"

8시예요.

"Time for breakfast!"

아침 먹을 시간이야!

이처럼 때때로 이해되지 않는 문장을 만나면 몸으로 표현하거나 역할극을 해서 쉽고 재미있게 익히도록 했다. 상황이 이해되지 않는 영어책을 읽을 때는 직접 단어를 해석하거나 줄거리를 정확하게 설명하는 것은 피했다. 상황극을 하거나 스스로 이해하고 알아낼 수 있을 정도의 도움말이면 충분하다. 조금 더 쉬운 단계의 책을 찾아 충분히 읽게 하는 것도 방법이다. 아이의 수준보다 어려운 책을 골랐을 수 있기 때문이다.

Q 어떻게 하면 영어를 공부가 아닌 놀이로 접근할 수 있을까요?

　엄마표 영어를 처음 시작할 때 커다란 목표를 세우고 여기까지 온 것이 아니다. 내가 원어민도 아니고 외국 생활을 할 것도 아니어서 큰 부담이 없었다. 그저 아이들이 열 살이 될 때까지는 함께 영어책 읽고 듣고, DVD를 보겠다는 정도였다. 그럼으로써 영어를 싫어하지 않고 생활 속에서 편안하게 배워나가길 기대했다. 다만 최소한으로 하되, 꾸준히 해야겠다는 결심만큼은 확고했다. 영어책 한 줄씩만 읽어도 '그래, 이 정도면 잘하고 있는 거야.' 영어로 한 번씩 말을 하면 '그래, 이 정도면 잘 진행되고 있어.' 하고 생각했다. 영어를 매일 접해서 습관으로 만드는 게 중요했기 때문이다.

　아이들이 영어에 주눅이 들고 자신감을 잃으면 영어를 싫어하게 된다. 아이들이 어릴수록 이런 상황을 경계해야 한다. 이처럼 꾸준히 지속하는 방법이 시간은 좀 걸리겠지만, 당장의 성과를 보고 싶어 아이를 어려운 환경에 밀어넣는 일은 하지 말아야 한다. 그것은 영어로 만날 수 있는 세상과 책 읽는 기쁨을 빼앗아버리는 일이다.

　"넌 누굴 닮아 그렇게 책을 안 읽니?" "영어 발음이 그게 뭐야?" "오늘 몇 권 읽었어?" 이런 식의 확인과 부정적인 말은 영어에 대한 호기심과 관심을 없애버린다. 재촉하지 않고 확인하지 않고 묵묵히 책을 읽어주다 보면, '내 아이를 믿길 잘했구나.' 하는 순간이 반드시 온다. 비록 완벽하게 말하지 않아도, 두꺼운 영어책을 읽지 않아도 내 아이를 믿고 인정하는 엄마의 마음이 전달되면 아이들은 그 이상의 것을 엄마에게 선물한다. 영어를 공부가 아닌 놀이로 접근하는 가장 기본적인 방법은 재미있는 책을 읽히면서 아낌없이 칭찬하고 격려해주는 것이다.

Q 아이가 영어를 싫어해요

우리 도서관을 찾는 아이들은 영어 경험이 다양하다. 어렸을 때부터 자연스럽게 영어 환경에 노출된 아이가 있는 반면, 초등학교에 입학하고 나서 처음 영어를 접한 아이도 있다. 책을 좋아하는 아이, 책의 중요성은 알지만 가정에서 꾸준하게 읽어본 경험은 없는 아이도 있다. 그런가 하면 엄마와 아이가 모두 영어에 지쳐 찾아오기도 한다.

너무 일찍 영어 학습에 노출된 아이들은 영어를 그만큼 일찍 싫어하게 되어버리기도 한다. 재미있고 흥미로워야 할 시기에 지쳐버리는 것이다. 이렇게 영어를 싫어하거나 흥미를 잃은 아이들에게 다시 재미를 붙이게 하는 일은 말처럼 쉽지 않다.

준영이는 수업을 시작하기 전부터 영어가 싫다고 했다. 일주일 동안 준영이의 레벨과 수업 태도를 유심히 살펴본 나는 준영이만을 위한 수업 과정을 따로 만들었다. 영어를 비롯해 모든 언어를 익히기 위해서는 오랫동안 차근차근 단계를 밟아나가야 한다. 특히 준영이는 영어 공부에 지치고 영어 자체가 싫어진 아이다. 재미와 흥미를 다시 불러일으키기 위해선 여유를 가지고 지켜봐 주는 시간이 필요했다. 우선 가장 쉬운 영어책으로 수평적 책 읽기를 진행했다. 비슷한 레벨의 책을 6개월 동안 읽는 것을 목표로 삼았다. 진도에 연연하지 않고 아이가 원하는 만큼 읽게 했다. 스스로 읽고 소화하는 양이 많아지는 게 핵심이기 때문이다.

준영이는 가장 쉬운 레벨의 영어책으로 가볍게 읽기를 시작했다. 스스로 부담 없는 양을 정해 반복해서 읽었다. 나는 옆에서 '영어는 쉽다'는 느낌을 가질 수 있도록 도왔다. 매일 읽은 동화책 목록을 독서 노트에 기록하자 스스로 조금씩 재미있게 받아들였다. 시간이 지나자 읽는 권수가 눈에 띄게 늘어났고, 매일 쌓여가는 영어책에 흥미를 보이며 더 적극적으로 수업에 참여했다.

어느 날은 책 읽기가 재미있다며 영어책을 쌓아놓고 1시간 넘게 꼼짝도 않고 읽기도 했다. 수업이 끝날 때마다 칭찬하고 격려해줬더니 자신감도 커지는 게 보였다. 정확히 6개월 후 준영이는 쉬운 영어책 읽기 1,000권 돌파 기록을 세웠다. 스스로 엄청난 성취감을 느낀 것은 말할 것도 없다. 준영이에게 영어는 이제 더는 어렵고 따분한 공부가 아니었다. 6학년이 된 준영이는 지금은 영어 소설책의 재미에 푹 빠져 지낸다.

Q 영어 공부를 꾸준히 계속할 수 있는 좋은 방법이 있을까요?

카멜레온 영어 도서관에는 아이들이 매일 읽은 책을 기록으로 남기는 독서 노트가 있다. 이것 역시 어떻게 하면 아이들이 책에 흥미를 느끼고 책 읽는 재미에 빠질 수 있을까 고민한 끝에 탄생한 것이다. 언어는 수많은 반복을 통해 자연스럽게 습득된다. 많은 양을 한꺼번에 쏟아붓고는 며칠 못 가서 포기하는 것보다 적은 양이라도 매일 성실하게 읽고 반복하는 것이 실력을 키우는 데 더 효과적이다. 꾸준함을 유지하기 위해선 아이들 스스로 동기를 부여할 수 있어야 한다.

매일 영어 동화책을 읽고 기록으로 남기는 것은 좋은 동기부여 방법이다. 권수가 중요한 것은 아니지만 아이들에게는 성취감의 요인이 될 수 있다. 영어 독서의 역사를 고스란히 담아 성장 과정을 만들어가기 때문이다. 노트가 1권씩 늘어날 때마다 아이들의 자신감도 그만큼 늘어간다.

독서 노트를 쓰기 전에는 영어책 북 트리를 프린트해서 큰아이와 작은아이의 이름을 각각 예쁘게 적어줬다. 그런 다음 아이들 눈에 가장 잘 띄는 곳에 붙여놓았다. 아이들은 저녁마다 온종일 읽은 동화책을 정리하기 전에 북 트리에 읽은 권수만큼 스티커를 붙였다. 100개의 스티커가 채워질 때마다 아이들이 좋아하는 깜짝 선물을 줬다. 그것만으로도 아이들은 매우 기뻐하고 고마워했다.

Q 영어, 늦게 배워도 괜찮나요?

4학년 준현이는 수학과 과학은 좋아하고 점수가 높지만 영어를 잘 못해 걱정이라고 했다. 혹시 책 읽기는 좋아하느냐고 물어보니 어렸을 때는 신경 써서 읽어줬지만 엄마가 직장 일에 바쁘다 보니 꾸준히 읽어주기가 힘들어서 소홀해졌다고 했다.

많은 전문가가 모국어 구사 능력을 먼저 극대화해서 언어 사용 능력 자체를 키워줘야 한다고 주장한다. 우리말 독서와 교육을 통해 언어 사용 능력을 키워주는 것은 매우 중요하다. 이것은 훗날 아이가 성장하여 단순히 이중 언어 사용자에 머무느냐, 아니면 추상적이고 복잡한 내용도 두 가지 언어로 훌륭히 표현해낼 수 있느냐를 판가름하는 중요한 열쇠이기도 하다. 초등학교 3학년이 되면 학교의 정규 교과과정 범주에 영어가 포함된다. 이때 우리말 학습이 잘된 아이들은 영어를 쉽게 시작할 수 있다. 풍부한 독서와 우리말 교육을 통해 언어 사용 능력을 키워왔기 때문이다.

아이마다 영어 나이가 따로 있다. 초등 전 단계부터 꾸준히 영어를 시작한 아이와 초등 입학 후 3학년이 되어 시작한 아이가 있다면, 나이가 같다고 해도 영어 레벨은 다르다. 영어 공부가 늦었다고 3학년 수준에 맞는 어려운 교재를 선택해 시작하면 처음부터 영어를 두려움으로 대하게 된다. 나이가 많든 적든, 영어를 처음 접할 때는 가장 쉬운 책을 선택해 꾸준히 듣고 읽는 데서 시작해야 한다.

Q 책 읽을 시간이 없어요

 요즘에는 학교 수업이 끝난 후 학교 운동장이나 놀이터에서 노는 아이들을 찾기가 쉽지 않다. 하교 시간에 맞춰 교문 앞에 대기 중인 학원 버스에 올라타거나 다음 학원으로 움직이는 것이 당연시되었다. 우리 아이들은 너무 바쁘다. 카멜레온 영어 도서관에 책을 읽으러 오는 아이들도 들어오자마자 인사도 하기 전에 다음 학원 차량 시간이 언제라는 것부터 얘기하곤 한다.
 "선생님, 저 몇 시까지 수업 끝내고 다음 학원버스 타야 해요."
 "선생님, 오늘 책 읽기 조금만 해야 해요. 시간이 없어요."
 그렇게 쫓기듯 시계를 몇 번이나 확인하다가 다음 일정에 맞춰 읽던 책을 덮는다. 이런 아이들을 볼 때면 스스로 생각할 수 있는 시간은 있을까 싶어 안타깝기 그지없다.
 초등학교 3학년인 지영이는 학교 수업이 끝나면 3~4개의 학원에 다닌다. 늘 피곤함이 느껴져 안쓰러웠다. 책을 읽는 시간에도 호기심을 보이거나 책의 재미에 빠지기보다는 피곤한 수업 과정 하나를 마지못해 채우는 듯 보였다. 아이가 좀처럼 흥미를 느끼지 못하자 엄마와 상담 시간을 마련했다. 지금까지 지켜본 아이들에 대한 경험을 나누며 수업 일부를 과감히 가지치기하는 것은 어떤지 물었다. 그리고 집에서 책 읽는 환경을 만들어 하루 1~2권이라도 엄마와 함께 독서하는 습관을 만들어보시라고 제안했다.

아이는 다니던 학원 중 몇 가지만 빼고 나머지 시간에는 책 읽기만 하고 싶다고 했다. 다행히 엄마도 막연히 불안해하던 마음을 접고 아이의 입장에서 생각하게 됐다. 이후 아이는 시간에 쫓기지 않으니 책 1권을 읽어도 몰입할 수 있었고 스스로 생각하며 궁금증을 찾아 나서는 적극성을 보였다. 차츰 자신이 좋아하는 책을 찾고 단계적으로 다양한 책 읽기를 진행해갔다. 무엇보다 피곤하고 지친 표정이 아닌 밝고 호기심 가득한 아이로 돌아와 줬다는 데 고마움을 느낀다.

아이들의 사고는 언제, 어떻게 자랄까? 생각은 꼬리에 꼬리를 물고 자라난다. 생각이 자라기 시작할 때 그 꼬리를 잘라내지 않고 또 다른 꼬리를 연결해주는 시간이 필요하다. 쫓기듯 바쁜 일상은 아이들에게 스스로 생각하고 사고할 여유를 허락하지 않는다. 학원에서 획일화된 주입식 교육을 받는 것보다 책 1권을 읽고 깊이 생각하는 아이로 자라는 것이 더 중요하다.

아이의 독서 습관과 독서 이력을 만들어줄 수 있는 가장 좋은 선생님은 부모다. 그 외에 어떤 훌륭한 선생님도 아이의 독서 습관을 잡아주거나 책의 재미를 지속시켜주기는 어렵다. 일주일에 한 번 선생님이 와서 책 읽어주고 가는 것으로는 충분하지 않다는 말이다. 책 읽는 방법과 질문하는 법, 내용 파악하는 법, 주제를 찾는 법 등은 가장 많은 시간을 함께하는 부모를 통해서만 배울 수 있다.

아이가 자꾸 같은 책만 읽으려고 해요

초등 2학년 원준이는 호주에서 2년간 학교에 다니다가 한국에 왔다. 엄마는 첫 상담 시간에 영어에 노출이 많이 된 아이니 조금은 수준 있는 책을 읽히기를 원했다. 그런데 첫 시간부터 아이는 엄마가 원하는 높은 단계의 챕터북이나 소설류에는 전혀 손을 대지 않았다.

아무리 영어로 말을 술술 하는 아이일지라도 자신의 연령이나 경험을 뛰어넘는 책에 흥미를 보이기는 쉽지 않았던 것이다. 영어에 전혀 부담을 느끼지 않는 아이들의 한결같은 특징은 자기 단계에 맞는 쉬운 책을 충분히 접했다는 것이다. 쉬운 책을 차고 넘치게 읽었을 때 자연스럽게 레벨 업이 되어 다음 단계로 이어질 수 있다.

한동안 원준이는 소설책보다는 Oxford Reading Tree(옥스퍼드 리딩 트리) 시리즈 5~9단계 책의 재미에 푹 빠져 지냈다. 아이들의 상상력을 길러주는 내용에 현실적인 내용과 모험 이야기가 가득해 대부분의 아이가 좋아하는 책이다. 수십 권의 책을 쌓아놓은 채 읽는 데 집중할 때는 이름을 불러도 모를 정도였다. 원준이는 비슷한 단계의 원서로 폭넓은 독서를 마음껏 한 후 다음 단계로 올라갔다.

어릴 때의 읽기 습관은 평생을 간다. 그만큼 이 시기는 중요하다. 자칫 부모 욕심에 같은 책을 반복해서 읽지 못하게 하고 어려운 책을 강요했다면 원준이는 영어에 흥미와 재미를 지속하기 어려웠을 것이다. 단어의 난이도를 기준으로 볼 때 대개 한 페이지 안에 아이가 모르는 단어가 2~3개를 넘지 않는 것이 적당하다. 이 정도의 단어는 책 속의 그림과 비교해가며 뜻을 유추해낼 수 있어 책 읽기의 재미를 더해준다. 의성어·의태어·반대어·패턴의 반복, 문장의 확장 등 다양한 영어 읽기 기법이 적용되어 자연스럽게 문장과 단어를 읽고 이해하고 말문이 터지게 된다.

Q 카멜레온 영어 도서관에서는 어떤 식으로 수업을 하나요?

카멜레온 영어 도서관에서 진행하는 수업은 한 단계의 영어책이 200~300권으로 구성되어 있다. 레벨 테스트 결과 자기 레벨보다 한 단계 낮은 책부터 읽기 시작한다. 읽기 수업이 끝난 아이들은 책의 내용을 정리하고 자신이 좋아하는 부분을 소리 내어 읽게 한다. 아이 수준에 맞고 흥미로운 책을 읽었다 해도 눈으로만 읽으면 말하기 실력으로 이어지기 어렵다. 아무리 많은 책을 읽어도 실제 상황에 활용해보지 않으면 입은 저절로 열리지 않는다. 1권을 읽어도 소리 내어 또박또박 크게 읽게 하는 것이 좋다. 자신의 귀에 자신의 영어 발음이 잘 들리도록 읽게 한다. 소리 내어 읽으면 책 속의 내용, 문장, 어휘, 표현 등이 머릿속에 입력돼 말하기 실력까지 탄탄하게 쌓을 수 있다.

보통 한 단계의 책을 1,000번 읽으면 다음 레벨로 어려움 없이 진행할 수 있다. 영어는 반복의 힘이 중요하다. 같은 내용이라도 여러 번 곱씹어 읽다 보면 볼 때마다 이해가 깊어지고 더 많은 것이 눈에 들어오게 된다. 그러나 여러 번 볼 수 있으려면 아이가 충분히 흥미로워하는 것이어야 한다. 여기에 쉬운 그림으로 된 영영사전을 활용하면 어휘를 이해하는 데 도움을 받을 수 있다. 다양한 주제와 재미있는 스토리로 짜인 책을 선택하면 어렵게 느껴지는 과학, 수학까지도 쉽게 술술 읽어나갈 수 있다. 또한 단계별 영자신문을 읽는 것까지 결합하면 다양한 정보와 시사적인 부분까지 받아들일 수 있어 영어의 폭이 더욱 넓어진다.

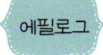

엄마의 꿈을 꾸자

 엄마표 영어로 내 아이에게 영어를 가르쳐야겠다고 결심하자마자 내 마음속에서는 이상한 일이 일어났다. 온갖 두려움과 걱정과 불안감이 활개를 치는 것이다.
 '내가 잘 할 수 있을까? 며칠 하다가 포기하는 것은 아닐까? 나의 나쁜 발음으로 아이 발음까지 망치는 것은 아닐까? 괜히 공부 가르치다가 아이랑 관계까지 나빠지지는 않을까?'
 그 소란스러움 때문에 책을 펼쳐보기도 전에 겁을 잔뜩 먹었고 하염없이 망설여졌다.
 나는 고개를 확 쳐들고 다시 생각해보았다.
 '우리는 배우고 도전하고 싶은 일이 생겨도 걱정과 두려움에 빠져 결국 시작도 못 하고 그만두고 만다. 그 때문에 수많은 기회를 날리면서 살아가고 있는데도 걱정하는 버릇을 버리지 못한다. 그렇다면, 무슨 일이든 고민하기 전에 행동해버리는 것이 결국 가장

빠른 길 아닐까?'

나는 그렇게 다시 한 번 마음을 다잡고 엄마표 영어에 뛰어들었다.

영어 도서관을 운영하면서 오전에는 엄마들의 수업을 함께 진행했다. 영어 공부를 하고 싶다는 마음은 늘 있었지만, 시작이 어려워 망설이다 시간만 훌쩍 지났다고 말하는 사람이 많았다. 어른이자 엄마가 과거의 이력을 내려놓고 영어 동화책 읽기부터 시작한다는 것은 그 자체가 큰 용기이고 도전이다.

영어 동화책은 연령과 수준에 차이를 둘 필요가 없다. 처음 접하는 책들과 생소한 어휘들은 어른인 엄마들에게도 충분히 호기심과 재미를 불러일으킨다. 엄마들도 쉬운 영어 동화책을 1~2권씩 완벽히 이해하고 권수가 쌓여갈수록 자신감과 뿌듯함을 더해간다. 우리는 왜 이제까지 이런 방법으로 공부해본 적이 없었는지 아쉬워하는 사람도 있었다. 영어 하면 괜히 작아지고 시작하길 두려워하던 엄마들의 모습은 수업이 진행될수록 무엇인가 도전하고 행동한다는 자부심에 가득 차 행복한 표정으로 바뀌었다.

이왕에 엄마표 영어를 시작한다면, 엄마 자신도 작은 꿈 하나를 가져보길 권한다. 크든 작든 뚜렷한 목표가 있어야 행동으로 이어지고 결과를 만들어내기가 쉽기 때문이다. 내 아이와 함께 영어에 대한 꿈을 가져보는 것은 어떨까? 몇 년 후 아이와 내가 성장한 모습을 기분 좋게 상상하고 뚜렷한 목표를 잡아보는 것이다.

실제로 내가 그랬다. 아이들에게 영어가 평생 친구가 되도록 해주자는 결심과 함께 영어 도서관을 만들고 싶다는 나 자신의 꿈도 정했다. 그 꿈이 있었기에 오늘까지 오게 되었다고 생각한다. 나는 영어 동화책 1권으로 시작해 오랜 시간 영어책 읽기를 지속해오면서 영어 원서 6,000권을 포함하여 소장도서 1만 점이 넘는 영어 도서관을 만들었다. 그리고 내 아이와 함께 많은 아이와 엄마들에게 영어 수업까지 진행하고 있다.

15년 전 내 아이를 무릎에 앉히고 동화책을 읽어주던 나를 보고 어느 누가 오늘의 내 모습을 상상할 수 있었을까? 형편이 넉넉하지 않았던 내가 매달 생활비 아껴가며 구입한 책을 놓고 수군대는 소리도 따갑게 들었다. 아마 그때 내 안에 보이지 않는 꿈이 없었다면 영어 도서관도, 나와 함께하는 행복한 아이들도 없었을 것이다.

지금도 마찬가지다. 책을 쓰는 것도 오래전부터 상상하고 간직해온 또 하나의 꿈이었다. 지금 그 꿈을 이루고 있다. 분명하게 상상하고 작은 발걸음이라도 내딛는 행동이 내일을 만드는 가장 빠른 길임을 나는 경험을 통해 알게 됐다. 내 아이들에게 나는 '꿈꾸는 엄마'로 통한다. 우리는 꿈에 대해 많은 얘기를 나눈다. 마음껏 상상하고 얘기꽃을 피우면서 도전하고 행동하는 데 주저하지 말자고 서로를 응원한다. 내 아이를 믿고 엄마의 끈기를 무기 삼아 성실히 영어의 탑을 쌓아나가고 있다.

한 가지만 더 기억하자. 엄마가 영어로 성장할 수 있는 가장 좋은 시기는 내 아이에게 영어를 접하게 해줄 때라는 사실이다. 엄마라는 단어에는 무거운 책임감이 담겨 있기에 귀찮고 힘들어도 포기할 수가 없기 때문이다. 거기서 그쳐서는 안 된다. 이제는 책임감에만 눌리지 말고 '나의 꿈'으로 중심을 옮겨보자. 크든 작든 꿈을 간직하고, 행동으로 하나씩 이루어나가는 엄마의 모습을 보여주자. 아이들에게 그것만큼 좋은 교육도 없을 것이다.

영어 왕초보 엄마도 영어 잘하는 아이로 키우는 1-10-10 영어 최소한의 법칙
엄마의 영어 공부

초판 1쇄 발행 2018년 1월 22일
초판 2쇄 발행 2019년 9월 5일
지은이 김희아

펴낸이 민혜영 | **펴낸곳** (주)카시오페아 출판사
주소 서울시 마포구 성암로 223, 3층(상암동)
전화 02-303-5580 | **팩스** 02-2179-8768
홈페이지 www.cassiopeiabook.com | **전자우편** editor@cassiopeiabook.com
출판등록 2012년 12월 27일 제385-2012-000069호
외주편집 공순례 | **표지 디자인** 별을 잡는 그물

ISBN 979-11-88674-06-0 13590

이 도서의 국립중앙도서관 출판시도서목록 CIP는 서지정보유통지원시스템 홈페이지 http://seoji.nl.go.kr와 국가자료공동목록시스템 http://www.nl.go.kr/kolisnet에서 이용하실 수 있습니다.
CIP제어번호: CIP2018000944

이 책은 저작권법에 따라 보호받는 저작물이므로 무단전재와 무단 복제를 금지하며, 이 책의 전부 또는 일부를 이용하려면 반드시 저작권자와 카시오페아의 서면 동의를 받아야 합니다.

• 잘못된 책은 구입한 곳에서 바꾸어 드립니다.
• 책값은 뒤표지에 있습니다.